Lire facilement

le Tarot de Marseille

Véronique Amaïa

Lire facilement

le Tarot de Marseille

GUIDE PRATIQUE :

Prédictions - Tirages

Conseils pour avancer – Exercices pratiques

Edition : Véronique Amaïa
Correction : Anne Christiaens
Design de couverture : Véronique Amaïa
Maquette : Véronique Amaïa
Images : Verod@-Editions
Images : licence contributeur Depositphotos.com

ISBN : 978-2-9586193-0-5

DÉDICACE

A mes merveilleux enfants Aurélien, Florian, Axelle,
à mes adorables petits-enfants, Gabriel, Inès, Aurane, Camille, Ambre,
à mes parents, à mes soeurs, à mes amis.

TABLE DES MATIÈRES

REMERCIEMENTS

Je remercie Francesco Guarino pour sa générosité et la qualité de ses illustrations.

Je remercie Anne Christiaens pour sa collaboration tonique, patiente et efficace.

Je remercie Jean-Marie Schneider pour son soutien moral décisif pour la naissance de ce livre.

Je remercie Philippe Auvray pour son aide patiente et éclairée pour régler toutes les questions informatiques et ses encouragements tout au long de ce travail.

Je remercie Éric Droit parti trop tôt, pour son amitié et sa présence attentive depuis le début de mes enseignements.

Je remercie toutes les personnes qui ont suivi mon enseignement et qui m'ont accordé leur confiance.

Protection de cet ouvrage

Pour tous renseignements à propos des formations contactez l'auteure, Véronique Amaïa verodaeditions@gmail.com

L'auteure s'est efforcée d'être aussi précise que possible lors de la création de cet ouvrage. L'auteure ne saurait en aucun cas être tenue responsable de l'utilisation et de l'interprétation de l'information contenue dans cette méthode. Les informations contenues dans cet ouvrage ne sont pas destinées à remplacer l'avis d'un médecin ou d'un praticien du domaine de la santé. Elles sont données à titre purement informatif.

Les images du Tarot sont reproduites avec l'aimable autorisation de Francesco Guarino : I Tarocchi di Marsiglia di Francesco Guarino 2019 © Francesco Guarino. www.scuolatdm.com. Je le remercie pour sa belle générosité et la qualité de son travail.

Image de couverture et autres images : créations de l'auteure.

A propos de la rédaction

Lors de la rédaction de ce livre, pour simplifier j'ai choisi la forme neutre. Je m'adresse à l'humain, que vous soyez homme ou femme avec respect et amitié pour chacun d'entre vous.

Véronique Amaïa

Éditeur : Autoedition.
© Verod@-Editions.

Introduction

Les situations difficiles, l'insécurité, l'angoisse, l'agitation, les inquiétudes, voilà tout ce qui nous affecte et nous empêche d'avancer dans de nombreux domaines. Les épreuves dans la vie affective, les relations, le travail, la famille ou le bien-être, peuvent nous pousser à nous sécuriser en cherchant à en savoir plus sur notre avenir.

Le Tarot est un précieux guide qui nous relie à notre sagesse intérieure. Il nous offre des informations précieuses à propos des événements passés, actuels et futurs en fonction de notre parcours actuel et de notre questionnement. Les cartes nous aident à comprendre à la fois ce qui se joue et ce que nous pouvons faire dans une situation particulière.

Certaines personnes ont des réticences au sujet du Tarot. La croyance populaire dit que pour lire le Tarot, il faut avoir un don. Pour comprendre, faisons un petit tour dans le passé. Cette erreur a pris naissance, il y a quelques siècles, parce qu'il était difficile de se procurer un jeu. Ces cartes valaient très cher, chacune étant peinte à la main par un maître cartier. Ce jeu n'était donc accessible qu'à des personnes nanties. Par ailleurs, le peuple, à cette époque, était illettré. La transmission orale de la lecture des arcanes était confiée à certaines personnes rigoureusement sélectionnées, ce qui intensifiait l'impression de mystère et cette idée de don particulier pour cette pratique.

Aujourd'hui, les jeux de cartes existent par milliers et les moyens de diffusion de l'enseignement du Tarot sont nombreux et accessibles à tous. **Point de secret gardé, ni de don.** Comprendre le symbolisme des images des arcanes permet de comprendre leurs messages et donc lire le Tarot, afin de pouvoir prédire, conseiller, analyser une situation passée, présente, et construire l'avenir.

Confiance ! Les principes de base du Tarot sont faciles. Ce guide est organisé par étapes afin qu'un débutant ou une personne qui doute encore de ses lectures, apprenne progressivement la lecture du Tarot.

Chaque chapitre commence par des bases simples. Puis des exemples sont commentés. Enfin, des exercices sont proposés pour mettre en pratique ce que vous avez lu et constater vos progrès. Il suffit de prendre le temps, et lire attentivement sans survoler le texte.

Pratiquez régulièrement le Tarot. Commencez par un usage personnel de ces tirages. Cette lecture attentive vous permettra un apprentissage de cette pratique. Elle vous offrira en même temps un nouveau regard sur votre vie.

Présentation du livre

Ce livre est bâti en quatre parties pour une lecture immédiatement accessible. Vous avez en main un itinéraire précis pour accéder à une compréhension personnelle et conforme à votre sensibilité. De telle sorte, vous vous sentirez en confiance et en cohérence avec vous-même.

1e partie : Se préparer à la pratique

Ici sont présentés les éléments pratiques : l'histoire et la composition du Tarot.

- Ses origines
- Le choix de votre jeu personnel
- Les compte-rendus de vos tirages
- La composition du Tarot de Marseille

2e partie : Intuition et symbolisme

- La vie et les fonctions du cerveau.
- Les symboles présents dans le Tarot. Leur connaissance et leur signification vont réveiller en vous la Sagesse universelle.
- La compréhension du langage commun qui circule entre les personnes.
- Comment faire une lecture du Tarot pour d'autres.
- 6 propositions détaillées :
  - Le symbolisme des couleurs.
  - Le symbolisme de l'espace.
  - Le symbolisme des parties du corps et des accessoires vestimentaires.
  - Le symbolisme des objets ou détails.
  - Le symbolisme des animaux.
  - L'arbre de l'âge des personnages.

Des exemples commentés et des exercices à pratiquer avec corrigés d'exercices.

3e partie : Signification de chacun des 22 arcanes majeurs

Chaque arcane comprend :

- L'arcane en image commentée.
- L'explication de l'arcane.
- Les mots clés, aspect positif et négatif et symbolique du nombre.
- Les personnages et leurs âges.
- Les métiers et secteurs d'activité.
- Les délais de réalisation et la réponse.
- Les planètes et les signes.
- Les lieux.
- Prédictions et conseils
    - Activités / vie professionnelle
    - Matériel et Finances
    - Vie spirituelle et personnelle
    - Santé et bien-être
- Les modes de communication entre les arcanes.
- Exercice de réflexion personnelle.
- Exercice d'assimilation de l'arcane.
- Le message de l'arcane.

Des exercices à pratiquer avec les corrigés d'exercices.

Les arcanes dialoguent entre elles, elles s'adressent aussi à vous et dans vos cheminements intérieurs. Les exercices d'assimilation vont permettre de découvrir l'énergie de chaque carte. Elles se relient au lecteur en posant les questions personnelles qui font avancer.

4e partie : Les questions, les tirages, votre première consultation

Pour les tirages, mode d'emploi pour les utiliser à partir d'exemples pratiques. Méthode adaptée pour le tirage personnel ou pour un tiers.

- Les 8 règles indispensables à connaître avant tout tirage.
- Les fondamentaux pour poser les bonnes questions.
    - Tirage du passé et de l'avenir (évolution de la situation).
    - Tirage des affinités
    - Tirage de 5 cartes à partir d'une carte déterminée (qui représente le sujet de votre question).
    - Tirage pour les 5 domaines (état d'esprit du consultant, vie professionnelle, vie affective, questions financières et santé).

Mémento récapitulatif des mots clés pour chaque arcane. A emporter avec soi ou ranger avec le jeu. Ce mémento ne remplace aucunement une lecture régulière des indications du descriptif de chaque arcane.

Le plan des 4 tirages et le mémento vous sont offerts. Vous trouverez le lien de téléchargement en fin de ce livre.

Utilisation de ce guide

Les étapes sont conçues pour une lecture immédiate que vous soyez débutant ou pas.

Conseils :

- Effectuer **tous** les exercices conseillés et proposés.
- **Ne pas brûler les étapes.**
- **Noter** chaque fois le tirage et sa réponse dans un cahier.

Chaque jour, tirage possible d'une carte pour un travail personnel par rapport aux questions personnelles posées par chaque arcane. Par exemple : ''*Quelle est ma piste de réflexion aujourd'hui ?*'' ou ''*Sur quoi dois-je méditer ce matin ?*''

Prendre le temps pour assimiler ces informations.

Si vous avez l'impression de ne plus avancer, attendez quelques jours. Votre cerveau a besoin de **temps** pour ranger les nouvelles informations.

Pour les exercices proposés en fin de chapitre, noter d'abord votre première impression et se reporter aux réponses données.

La relecture des significations de chaque arcane permet d'élargir la compréhension de ses messages.

Rappel : Au début du livre, je vous conseille de bien suivre les étapes pour vous familiariser avec le Tarot et ainsi de pouvoir lire les cartes. En effet, la maîtrise de cette lecture vous ouvrira à votre propre sensibilité et à votre ressenti.

LE JEU DE TAROT DE MARSEILLE

1 - Les origines du Tarot

Voici brièvement les origines du Tarot. Vous trouverez des informations complémentaires et intéressantes dans de nombreux ouvrages. Le Tarot est l'un des plus ancien des jeux de cartes connus. Certains pensent qu'il serait apparu en Égypte vers l'an 1200 avant J.C. D'autres disent que c'est en Chine. Il aurait ensuite circulé au Moyen-Orient et ne serait arrivé en Occident que vers le XVème siècle.

Le plus célèbre des jeux de Tarots, ou “Tarocchi” serait l'origine étymologique du mot “Tarot”, le Tarot Princier dit des **Visconti-Sforza** qui date de 1447 et a été peint par le miniaturiste Bonifacio Bembo.

En 1631, le roi Louis XIII permit à la ville de Marseille de fabriquer les jeux de cartes et parmi elles : le Tarot, d'où son appellation Tarot de Marseille. Ce Tarot était imprimé de façon mécanique et en quadrichromie.

De très beaux Tarots historiques de maîtres cartiers sont conservés à la Bibliothèque Nationale : le Tarot de **Jean Noblet** (1650 environ), le Tarot de **Jean Dodal** (1701) et celui de **Nicolas Conver** (1760).

Dans ce guide, j'utilise le jeu de Tarot de Francesco Guarino. Mais c'est à partir du Tarot de Nicolas Conver que Francesco Guarino a créé son Tarot de Marseille. Sa base graphique et chromatique est conforme à l'original, avec quelques détails changés pour une meilleure harmonie de l'image.

Je le remercie vivement pour sa générosité, puisqu'il m'a autorisée à illustrer ce livre avec son Tarot.

Dans l'histoire du Tarot, c'est seulement à partir du XVIIIème siècle que le jeu de Tarot et les autres jeux de cartes furent associés à **la divination** et à **la sagesse occulte.**

Le Tarot a réussi à traverser les siècles tout en s'enrichissant du savoir et du symbolisme de toutes les civilisations qui l'ont adopté. Bien que son iconographie soit moyenâgeuse, le Tarot reste contemporain, du fait de sa puissante symbolique. Il traversera sans doute les siècles à venir.

2 – Le choix de votre jeu de Tarot personnel

De préférence, prenez un Tarot de Marseille sans annotation.

Une fois installé, ouvrez le jeu et prenez les cartes, appelées "arcanes" ou "lames" en main. Touchez-les, regardez-les attentivement. Gardez le jeu auprès de vous. N'hésitez pas à l'emporter dans votre sac, ou quelque part dans la pièce où vous vivez, sur votre table de nuit. C'est ainsi que votre jeu va entrer en énergie avec vous. Ce sera votre démarche vers lui.

Inutile de purifier votre jeu, si vous l'avez acheté neuf, il arrive en général sous blister. Je vous conseille seulement de ne pas prêter votre jeu. Un Tarot est un outil personnel.

Après un tirage pour un tiers, rassemblez les cartes tout simplement. Rangez-les dans un étui ou un petit sac. Peu importe la teinte du tissu et sa matière, faites-vous confiance pour ce choix.

Utiliser ces cartes pendant toutes les étapes de la découverte et la pratique du Tarot.

3 - La prise de notes de vos tirages

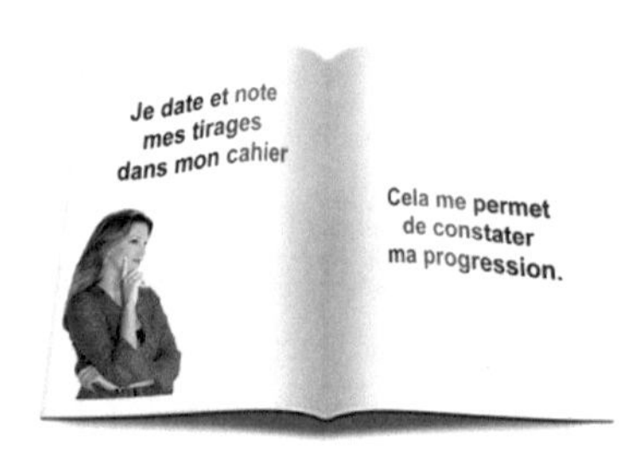

Acheter un cahier pour dater, noter vos questions, vos tirages, vos observations et vos réponses. Ajouter immédiatement vos ressentis.

Cette pratique permettra de constater votre progression dans le temps. Elle renforcera votre confiance dans vos ressentis.

Suggestion : Noter sur la page de gauche **votre tirage daté** et sur la page de droite écrire vos remarques personnelles.

4 – La composition du jeu de Tarot de Marseille

Le jeu de Tarot de Marseille est composé de 78 lames ou arcanes. Ceux-ci comprennent les arcanes majeurs et les arcanes mineurs. Dans cette méthode, nous n'utiliserons que les 22 premiers arcanes du Tarot qui sont les arcanes majeurs.

22 arcanes majeurs

- 0/Le Mat (ou le Fou) ne porte pas de numéro
- I/Le Bateleur (parfois appelé Magicien dans certains jeux)
- II/La Papesse
- III/L'Impératrice
- IIII/L'Empereur
- V/Le Pape
- VI/L'Amoureux
- VII/Le Chariot
- VIII/La Justice
- VIIII/L'Hermite ou Ermite.
- X/La Roue de la Fortune
- XI/La Force
- XII/Le Pendu
- XIII/L'Arcane sans Nom
- XIIII/La Tempérance
- XV/Le Diable
- XVI/La Maison-Dieu (appelée parfois « La Tour »)
- XVII/L'Etoile
- XVIII/La Lune
- XVIIII/Le Soleil
- XX/Le Jugement
- XXI/Le Monde
-

56 arcanes mineurs

- 40 arcanes mineurs, numérotés de 1 à 10, en 4 séries : les Bâtons, les Coupes, les Épées, les Deniers.
- 16 figures ou « Honneurs » : roi, reine, cavalier et valet.

SE RELIER AU LANGAGE DU TAROT

I – Les sources de l'intuition

1 – Cette puissance étonnante qui nous informe sans cesse

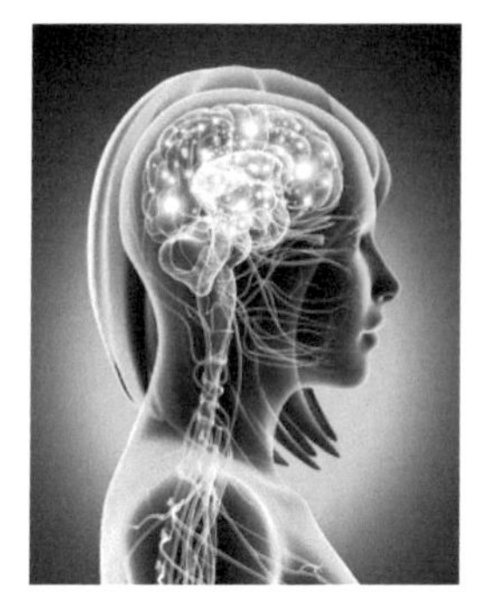

Depuis les années 1980, grâce aux images numériques, nous avons une meilleure compréhension scientifique du fonctionnement du cerveau. Son étendue et ses capacités sont impressionnantes. Il contient en effet plus de 150 000 km de vaisseaux sanguins et environ 100 milliards de neurones.

La partie inconsciente de notre cerveau transmet les informations à la vitesse de 400 milliards de bits/seconde alors que le conscient les transmet à la vitesse de 2.000 bits/seconde. Imaginez tout ce que votre cerveau (inconscient et conscient) est en train de faire pendant que vous lisez ces lignes.

Le cerveau est fait de couches successives qui se sont développées au cours de l'évolution de l'espèce humaine. Les fonctions plus primitives sont logées au centre du cerveau (cerveau Reptilien/Archaïque et Limbique). Les fonctions plus évoluées et plus récentes (Néocortex) enveloppent les deux premiers cerveaux.

L'interaction entre notre cerveau (conscient et inconscient), sera étudié plus loin. Il permettra de découvrir comment ces deux aspects du cerveau fonctionnent ensemble et communiquent. Cela facilitera votre travail avec le Tarot.

2 - Les niveaux de connaissance et de conscience qui communiquent entre eux

Le conscient (Néocortex)

Le conscient gère environ 15 % de notre fonctionnement global.

Partie visible de l'iceberg

- Il est rationnel, logique, abstrait.
- Il réfléchit, il analyse.
- Il trouve les solutions.
- Il décide.
- Il compare les données et les organise.
- Il raisonne et élabore une synthèse.
- Il imagine, crée, anticipe.
- Il est intuitif et perceptif.
- Il mémorise.
- Il distingue le passé, le présent et l'avenir.
- Il gère la volonté et le courage.

Nos pensées conscientes c'est le petit point blanc.
Nos pensées inconscientes c'est la masse sombre.

L'inconscient

Cerveau Limbique et cerveau Reptilien/Archaïque

La partie immergée de l'iceberg est notre pilote automatique. Il gère toutes nos fonctions corporelles et près 85 % de nos comportements. Il ne raisonne pas, il entasse les données et n'oublie rien.

Notre inconscient

- Il gère les fonctions biologiques.
- Il possède des milliers d'informations.
- Il existe pour nous protéger.
- Il vit au présent : Le passé et le futur n'existent pas.
- Il ne fait pas de différence entre l'imaginaire, le virtuel et le réel.
- **Il offre un langage symbolique et imagé.**
- Il ne comprend pas la négation.
- Faites ce test : Avec l'injonction : « Ne pensez pas à la Tour Eiffel ! » L'image de la Tour Eiffel surgit immanquablement dans votre tête.
- Il mémorise toute notre histoire dès la fécondation.
- Il ne se repose jamais, ni dans le sommeil, ni sous anesthésie.
- Il a en mémoire :
    - Tout le vécu de l'évolution de l'Humanité.
    - Les mémoires familiales et celles de nos civilisations.
    - Il est incapable de réfléchir de façon raisonnée, il ne peut que réagir.
    - Il exécute les ordres donnés par le cerveau conscient.

3 – L'Intuition, cette sagesse qui propose de nous guider

"Le mental intuitif est un don sacré et le mental rationnel est un serviteur fidèle. Malheureusement, nous avons créé une société qui honore le serviteur et oublie le don."
Einstein

L'**Intuition** est la capacité à percevoir les êtres et les situations en direct, sans passer par l'analyse. Elle est perçue sous forme de ressentis, de sensations corporelles ou bien d'images.

Exemple d'expressions courantes :
J'ai eu une inspiration. J'ai eu un flash, une idée géniale. J'ai senti qu'il fallait vraiment que je le fasse…

Ou bien au contraire :
Cela, je ne le sens pas.

Ou encore un peu plus tard :
J'en étais sûr, je l'aurais parié ! Ah ! Si j'avais suivi mon intuition...

Le langage intuitif émerge de la sphère inconsciente. Il transmet ses messages sous forme **d'images et de symboles**. Cette perception imagée permet au cerveau de traiter l'information en un temps record. Cela explique nos ressentis immédiats de plaisir ou de déplaisir en présence de certaines personnes ou dans certaines situations. Vient ensuite le temps de décoder plus clairement ces ressentis.

Le Tarot permet la mise en mots de ces messages, à partir de son langage imagé. C'est le sujet du prochain chapitre.

4 - De quelle façon recevons-nous les messages intuitifs ?

Rappel : Notre inconscient garde en mémoire **tout ce qui est vécu** depuis le développement cellulaire. Il contient aussi le devenir des chemins de vie que chacun élabore avec les choix de **chaque instant**.

Devant un nouvel événement ou une nouvelle personne, le cerveau inconscient s'active plus vite que la lumière. Il compare instantanément les nouvelles informations avec les données du passé. En moins d'un dixième de seconde, des milliers d'informations surgissent.

Dans cette rencontre, le présent, le passé et également l'avenir sont en train d'émerger et permettent ainsi une évolution permanente de notre mental.

5 - Comment l'inconscient permet la lecture du Tarot ?

Illustration de la synthèse image/mots.

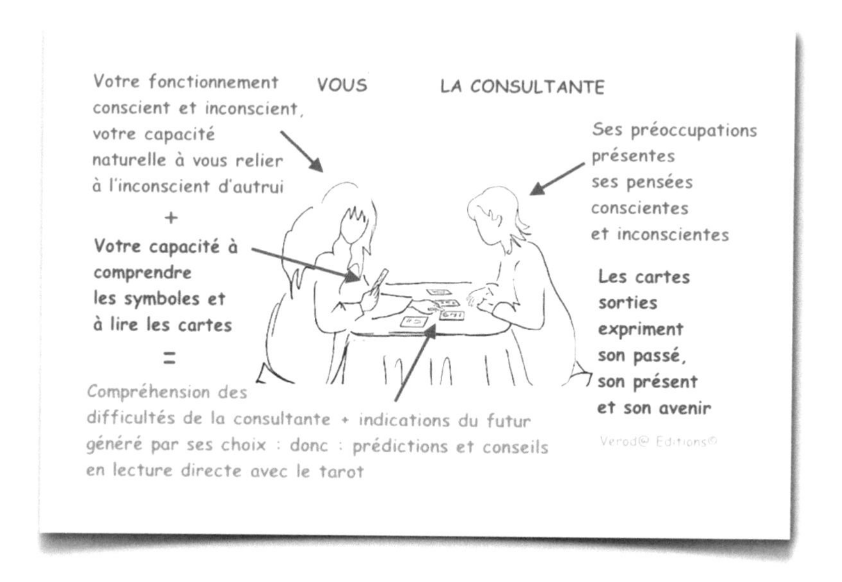

Cette méthode initie au langage des symboles. Il permet la compréhension rapide des messages des arcanes du Tarot. Il va montrer votre propre capacité à faire des prédictions et à donner des conseils.

Pendant la consultation, le cerveau des deux personnes en présence émettent en permanence des fréquences. Celles-ci contiennent les sujets qui inquiètent ou qui motivent… et plus souvent inconsciemment, que consciemment.

Ces fréquences font choisir **certaines cartes,** qui ne sont **jamais choisies par hasard**. L'apprentissage étape par étape, ouvre à ce langage.

En découvrant la signification des symboles des arcanes, apparaissent les messages de l'inconscient. L**es mots arrivent à votre conscient,** les cartes se mettent à vous parler, peut-être à votre plus grande surprise.

Exercice pratique 1

- Prendre en main un Tarot de Marseille.
- Disposer un cahier pour noter les tirages personnels et les exercices de cours.
- S'approprier physiquement le Tarot, l'ouvrir, regarder les cartes, les observer.

L'exercice qui suit va permettre de démarrer la bonne compréhension du Tarot.

Écrire les questions sur le cahier, et trouver les réponses dans le chapitre suivant.

1. Combien d'arcanes présentent 1 seul personnage et lesquels ?
2. Combien d'arcanes présentent 2 personnages et lesquels ?
3. Combien d'arcanes présentent 3 personnages et lesquels ?
4. Combien d'arcanes présentent des animaux et lesquels ?
5. Combien d'arcanes présentent des anges et lesquels ?

II - Le langage particulier des symboles du Tarot

"J'ai le pouvoir de choisir qui je suis, d'aimer et d'accepter les gens tels qu'ils sont. Ainsi je choisis de voir grand et de m'ouvrir à toutes les possibilités."
David Cloutier

1 - Secrets et mystères de la vie

Le mot arcane vient du latin « *secrets, mystères* ». Ces secrets se dévoileront avec la découverte des symboles contenus dans l'imagerie du Tarot. En effet, ils sont partie intégrante de l'inconscient collectif. Selon Carl Gustave Jung, il est présent en chacun de nous, il serait comme une "mémoire universelle" qui permet à l'homme d'entrer en contact avec lui-même, et en même temps en accord avec l'Ame du Monde, en tant qu'unité organique pensante.

L'inconscient se sert de ce symbolisme, dont nous n'avons pas toujours conscience. Comprendre un symbole, c'est se relier à cet immense réservoir de connaissances.

Par le travail proposé, les symboles et les images du Tarot, deviendront des messages de plus en plus accessibles, de plus en plus familiers. Dès lors et de façon naturelle, vos lectures seront de plus en plus fluides et bénéfiques.

L'espace, les couleurs, les objets, les attitudes, la direction des regards et les gestes sont autant d'observations du langage symbolique. Il ne s'agit pas d'apprendre par cœur, mais de lire attentivement.

Commencer par l'étude du symbolisme des couleurs.

2 – Le symbolisme des 7 couleurs du Tarot de Marseille

7 couleurs sont présentes : le bleu, le rouge, le jaune, le vert, la couleur chair, le noir et le blanc.

Ces couleurs ont des positions différentes selon la spécificité du Tarot utilisé.

La signification des couleurs aide à saisir l'énergie de chaque arcane. Le Tarot de Francesco Guarino (utilisé dans ce guide), de Kevin Meunier et de Camoin-Jodorowsky proposent deux teintes de bleu, et plus de vert que dans celui de Paul Marteau qui est en quadrichromie.

Les couleurs principales

<table>
<tr>
<td>BLEU
clair ou foncé :
La passivité, la prudence,
le secret, la lenteur des événements, les sentiments cachés,
la stagnation,
la permanence des choses, l'inconscient collectif,
la méditation, la réflexion profonde.

VERT :
Le monde végétal,
la fertilité, la force de la nature,
la froideur des sentiments,
la vitalité profonde,
la résistance au temps.

NOIR :
Les ténèbres, le monde souterrain,
la pourriture organique promesse de vie renouvelée,
la fertilité,
la régénération,
les remises en cause,
le mystère des choses non révélées.</td>
<td>
</td>
<td>ROUGE :
L'action, la volonté, l'ardeur des sentiments, le désir et
la vie sous toutes ses formes, le plan matériel.

JAUNE
clair ou orangé :
Le cosmique, la lumière de l'Esprit,
la sagesse universelle sur terre, le pouvoir,
l'énergie qui génère la vie,
le travail, la maturité qui aboutit à la métamorphose,
la richesse, la gloire.

CHAIR :
L'incarnation, la conscience, le plan humain, la matière vivante, le corps.
Le prolongement de l'Homme.

BLANC :
La virginité, la pureté sous toutes ses formes,
l'énergie cosmique.</td>
</tr>
</table>

Exercices d'observation

Observer attentivement chacune des couleurs des **22 arcanes majeurs**. Commencer par observer **une seule couleur**. Par exemple pour le bleu, repérer attentivement où il se situe dans l'arcane. Inutile de commencer par le Mat ou le Bateleur. Prendre le temps de le faire pour chaque couleur.

3 – Le Symbolisme de l'espace

a) La position et les attitudes des personnages

L'arcane lue est comme un reflet dans un miroir. Ce qui est à la gauche du personnage est donc à la droite du lecteur.

Par exemple, le regard de l'Impératrice est vers la gauche donc **à votre droite.** La carte positionnée après elle est l'Empereur. Elle projette donc dans le futur : elle indique à l'Empereur les projets qu'elle a élaborés et à partir desquels il peut agir.

b) La position dans l'espace

Au centre

C'est le lieu où l'énergie est la plus concentrée. « *Dieu est une sphère dont le centre est partout et la circonférence nulle part* » a dit Pascal. Selon Jean Chevalier dans son "Dictionnaire des symboles", le centre est : « *Le foyer d'où part le mouvement de l'un vers le multiple, de l'intérieur vers l'extérieur, du non manifesté au manifesté, de l'éternel au temporel, tous les processus de retour et de convergence dans leur recherche de l'unité.* »

<table>
<tr><td colspan="3">En haut :
Le conscient, le mental, le mystique et les plans supérieurs.</td></tr>
<tr>
<td>En haut à gauche :
La zone de
passivité,
l'inhibition,
la réserve,
le néant,
la lumière,
l'émergence hors
du cosmique,
le désir/le retrait.
L'Air/le vide.

A gauche :
Le passé,
l'introversion,
l'oubli, la relation
avec la mère,
le défendu,
l'égoïsme,
l'introversion.

En bas à gauche :
Les origines,
le début,
la naissance. L'Eau.</td>
<td>
</td>
<td>En haut à droite :
Les activités,
les projets,
l'élévation, le but,
la fin,
la mort. Le Feu.

A droite :
Le futur,
l'extraversion,
les projets,
l'altruisme,
la relation avec
le père,
le progrès,
la socialisation,
la convivialité.

En bas à droite :
Les besoins,
la terre,
la matière, l'enfer,
la chute.</td>
</tr>
<tr><td colspan="3">En bas :
L'inconscient, l'instinct, le matériel, le physique, le sexuel,
la matière, l'argent.</td></tr>
</table>

Des personnages ou des objets sortent parfois du cadre. Ils y tirent leur inspiration ou bien ils prolongent leur action dans la direction de la zone indiquée.

Exemple

Le manteau de la Force sort de la zone du bas à gauche, car elle puise ses forces dans ses origines (famille) et dans son propre passé (ses expériences, son vécu, ses compétences et son savoir-faire).

La table du Bateleur continue dans la zone d'expansion de la droite et indique que son œuvre va vers la société, les autres et qu'elle continue dans le futur. Son chapeau qui sort du cadre de l'image en haut, signifie qu'il tire son inspiration des hautes sphères spirituelles ou cosmiques ou de son mental supérieur pour créer.

Exercice d'observation

Il s'agit donc de poser les 22 arcanes majeurs sur la table pour regarder attentivement chaque arcane : le haut, le bas, la gauche et la droite. Richesse des observations : en découvrant les personnages qui sortent du cadre, les objets différents, la nature des sols, du haut jusqu'au bas de la carte.

Les explications de ces sorties de cadre se trouvent dans le descriptif de chaque arcane.

4 – Le symbolisme des parties du corps et des accessoires vestimentaires

Le Tarot de Marseille possède une palette de couleurs nuancées. Ces nuances sont au service des informations précises qu'offre le Tarot.

a) - Les vêtements extérieurs : manteaux ou capes

La couleur indique le type de communication du personnage avec son environnement. Les manteaux et les capes symbolisent la protection ou bien le filtre.

b) - Les vêtements sous les manteaux

Sous les manteaux, les couleurs révèlent la tenue de la vie intérieure, de l'intime, des ressources de l'être.

c) - La nudité et semi nudité

Cela indique que les personnages se révèlent tels qu'ils sont, qu'ils n'ont rien à cacher et qu'ils expriment leur être profond. Ils s'adressent à notre nature instinctive, créatrice et sexuelle. C'est le cas pour les arcanes : Le Diable, l'Etoile, le Soleil, le Jugement, le Monde.

d) - Des chaussures ou les pieds nus

Ils parlent de la motricité : avancer, agir, ou prendre pied dans la vie.

- **Rouges** : démarche active et intégrée.
- **Bleus** : actions intuitives et inspirées.
- **Blancs** : pureté et sagesse.
- **Jaune** : énergie spirituelle.
- **Pieds nus** : actions en relation avec la nature profonde.

e) - Les cheveux

Ils symbolisent les énergies intellectuelles : le mental et le spirituel.

- **Blancs** : pensée inspirée et libre.
- **Blonds, jaunes, orangés** : jeunesse, métamorphose et énergie.
- **Bleus** : écoute et réception des messages inspirés.
- **Chair** : capacités personnelles pour avancer.
- **Cheveux cachés** : ce qui relève du secret.

f) - La barbe

Elle affirme le pouvoir et l'âge adulte. Au Moyen-Âge seuls les rois étaient autorisés à porter la barbe. Elle est présente dans les arcanes : l'Empereur, le Pape et l'Hermite. Parfois elle est présente chez le Mat, selon le Tarot choisi.

g) - Les mains

Elles indiquent les moyens d'action du personnage et son intention quand il délivre son message.

- **La main droite** montre l'action à réaliser.
- **La main gauche** reçoit et canalise.

h) - Les gants

Ils protègent les messages des instances supérieures, qui parviennent à l'arcane du Pape de toute déviance générée par des affects et des constructions mentales.

i) – Les chapeaux, bonnets, couronnes et tiares

Les coiffes renforcent le pouvoir intellectuel du personnage ou le régule.

- **Les couronnes et tiares** indiquent quelle est l'autorité qui gouverne la pensée ou de quelle façon la pensée est renforcée. C'est le cas pour l'Impératrice, l'Empereur, le Chariot, la Justice, la Papesse et le Pape.
- **Les chapeaux** en lemniscate (signe de l'infini) : le personnage capte les énergies cosmiques et ses idées sont inspirées, cartes du Bateleur et de la Force.
- **Les bonnets** enferment les cheveux. Ils cachent la réflexion et son expression personnelle. Exemple : Le Mat.

j) - Les cornes ou les bois

Sur la carte du Diable, les bois de cervidés sur les têtes des trois personnages, révèlent les instincts, c'est à dire l'animalité qui prend le dessus sur la pensée.

k) - Les bijoux, ceintures, étoles et écharpes

Ces signes de richesse renforcent une signification particulière pour souligner, séparer ou orner.

- **Les bijoux et ceintures** : renforcement de l'action ou du message pour l'Impératrice, l'Empereur et la Justice.
- **Les écharpes ou étoles** : modération ou filtre de l'expression de la parole, des émotions ou des sentiments, pour la Papesse, le Pape et la Tempérance.

Exemple

Le Pape du jeu de Francesco Guarino.

Sa **cape** est de couleur rouge, il communique activement, de façon pratique.

Son **habit sous la cape** est de couleur bleue : ses pensées et sa vie intérieures sont méditatives, sages, intériorisée et réceptives.

Ses **manches** sur les bras sont de couleur blanche dans certains Tarots : sa puissance est pure, c'est celle de l'énergie cosmique.

La couleur verte des manches dans d'autres Tarots comme celui présenté, indique qu'il communique de façon paisible, mais avec une certaine froideur.

Il reçoit les messages avec un **gant**, ce qui signifie qu'il ne met pas son ego en avant, il ne veut pas les charger par son mental ou ses idées personnelles. Il est simplement le messager qui transmet.

Sa **barbe** indique sa puissance et la sagesse de son âge.

Exercice pratique 2

Bilan de ce premier travail.

Une explication détaillée du descriptif de chaque arcane se trouve dans la troisième partie de ce livre. Consulter les réponses seulement en fin d'exercice.

Commencer par répondre spontanément. Reprendre les chapitres précédents afin de réviser votre acquis et éventuellement de corriger les erreurs.

1. Que représente la couleur verte ?
2. Sur quelles cartes trouve-t-on des végétaux ?
3. Quel personnage de quel arcane possède l'attitude corporelle qui ressemble le plus à celle du Mat ?
4. Le portrait d'une femme dynamique, fait penser à quel ou quels arcanes ?

Correction de l'exercice pratique 1

1. **Combien d'arcanes présentent 1 seul personnage et lesquels ?**

   13 arcanes : Le Mat, I, II, III, IIII, VII, VIII, VIIII, XI, XII, XIII, XIIII, XVII.
2. **Combien d'arcanes présentent 2 personnages et lesquels ?**

   3 : XVI, XVIIII, XXI.
3. **Combien d'arcanes présentent 3 personnages et lesquels ?**

   4 : V, VI, XV, XX
4. **Combien d'arcanes présentent des animaux et lesquels ?**

   6 : Mat, VII, X, XI, XVIII, XXI.
5. **Combien d'arcanes présentent des anges et lesquels ?**

   5 : VI, XIIII, XV (ange déchu), XX, XXI.

5 - Le symbolisme des objets ou de leurs détails

- **La table** (I) est le lieu de création et d'élaboration.
- **Le livre** (II) symbolise la connaissance.
- **La baguette** tenue dans la main (I, XXI) est créatrice et régénératrice comme celle des contes de fées.
- **Les dés et pièces de monnaies** (I) évoquent les deniers des arcanes mineurs qui représentent l'argent et les biens.
- **Les couteaux** (I) indiquent les épées des arcanes mineurs, soit la sphère intellectuelle.
- **Les sacs, godets et timbales** (I) évoquent les coupes des arcanes mineurs qui représentent le foyer, les relations, l'affectivité, les émotions.
- **Les colonnes** (II, V) symbolisent l'accès à un monde de la connaissance.
- **Les voiles** (II) indiquent la connaissance cachée ou en passe d'être révélée.
- **L'aigle sur le bouclier** (III, IIII) c'est l'acuité intellectuelle, le discernement, le sens de l'analyse.
- **Le sceptre** (III, IIII, V) est un signe de puissance et d'autorité, il prolonge le bras.
- **Le chariot** (VII) est notre véhicule terrestre, notre corps.
- **La balance** (VIII) symbolise la justice, la mesure, la prudence, l'équilibre.
- **La faux et les épées** (VIII, X, XIII, XV) sont la capacité à trancher, à décider.
- **La lanterne** (VIIII) est la clarté d'esprit, la capacité d'analyse, l'approfondissement.
- **Le bâton de pèlerin** (VIIII et Le Mat) le plan de l'être, la relation entre le ciel et la terre.
- **La roue à 6 rayons** (X) symbole solaire, indique les changements dans les cycles.
- **La Faux** (XIII) parle de ce qui doit être tranché, transformé, nettoyé ou élagué.

- **Les vases, urnes ou récipients** (XIIII, XVII) sont les lieux où les merveilles s'opèrent telles les naissances, les métamorphoses, ou l'alchimie.
- **Les cordes et nœuds coulants** (XV) des diablotins dénoncent l'esclavage de la dépendance, (XII) être attaché, retenu.
- **Les bâtiments et les tours** (XVI, XVIII) sont le corps physique ou la rigidité psychique.
- **Les pierres brutes** (XVI, XVIIII) sont l'oeuvre des plans supérieurs, symboles de libération de notre nature.
- **Les gouttes d'eau** (XVIII, XVIIII) sont les énergies qui vont de la terre à l'astre et de l'astre à la terre, l'un devenant le miroir de l'autre.
- **Les étoiles** (XVII) évoquent la lumière, l'espoir et la protection des plans supérieurs.
- **La trompette** (XX) clame la célébration des grands événements.
- **Les lauriers** (XXI) sont la gloire et l'immortalité.
- **Les plantes et arbres** symbolisent la régénération et la fertilité.
- **Les plumes et ailes** d'anges indiquent la force ascensionnelle.

6 - Le symbolisme des animaux

- **Le chien** (Mat) les instincts et les ressentis.
- **L'aigle** (III, IIII, XXI) l'acuité intellectuelle, le discernement, le sens de l'analyse.
- **Le cheval** (VII, XXI) la vitalité sexuelle et la force, il accompagne l'homme dans ses voyages réels ou symboliques.
- **Les singes** (X) les changements, la vivacité, l'opportunité, l'inconstance.
- **Le lion** (XI, XXI) l'animal sauvage fort et puissant. C'est le roi des animaux.
- **Le corbeau** (XVII) la transformation de la psyché qui permet de garder le lien avec la sagesse universelle.
- **Les chiens (ou loups)** (XVIII) la nuit, l'hiver, l'état sauvage, les peurs conscientes ou non.
- **L'écrevisse** (XVIII) ce qui émerge en surface, la tendance à se laisser guider par la peur et d'avancer à reculons.

Exemple

La Lune

XVIII
LA·LUNE

Aucun personnage sur cet arcane, mais le visage offert à la Lune la rend presque humaine.

L'astre bleu regarde vers la gauche, c'est à dire : le passé, l'inconscient, le mystère, les secrets, tout ce qui stagne.

Les gouttes montent de la terre à la lune. La terre offre à la lune ses messages et ses énergies. Les 19 gouttes appellent l'arcane XVIIII, le Soleil qui est en relation étroite avec la Lune. Illustration du travail intérieur qui mène à l'épanouissement.

Les chiens ou les loups symbolisent les peurs. Quand ils sont deux, cela indique l'ambivalence, la division.

L'écrevisse au fond de l'eau montre ce qui est en passe de se révéler.

En bas de la carte, **l'eau du bassin** signifie la matérialité, l'inconscient, les différents liquides, y compris le liquide amniotique, la vie basique et instinctive. L'eau qui sort de la carte à gauche et à droite relie le passé au futur. Passé, présent et futur ne font qu'un.

Les **deux tours** du fond imposent les limites du mental et la rigidité psychique qui peuvent empêcher de trouver la nature profonde. Elle permet de découvrir ce qui pourrait permettre d'atteindre l'arcane suivant : le Soleil, afin d'entrer en pleine possession de notre être et partager notre rayonnement avec autrui.

Exercice d'observation

Analyser les autres arcanes de la même façon, c'est à dire en prenant tout son temps.

7 – L'âge des personnages

<table>
<tr><td colspan="7">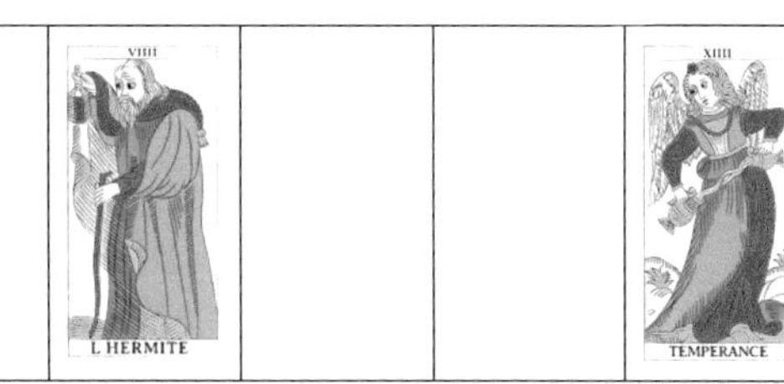
</td></tr>
<tr><td colspan="7">L'Hermite VIIII : La figure ancestrale représente aussi bien le grand père que la grand-mère, ou les arrière grands-parents. Dans une hiérarchie professionnelle ou sociale, ce sont les personnes occupant des postes de direction, de présidence.
Tempérance XIIII : L'ange n'a pas d'âge car il est intemporel.</td></tr>
<tr><td></td><td></td><td>
</td><td></td><td>
</td><td></td><td></td></tr>
<tr><td colspan="7">La Papesse II et le Pape V : Les parents, ou les grands-parents.</td></tr>
<tr><td>
</td><td>
</td><td>
</td><td>
</td><td>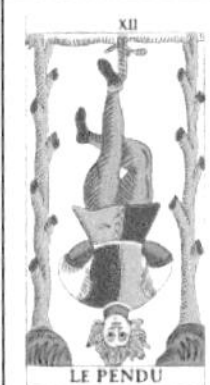
</td><td>
</td><td>
</td></tr>
<tr><td colspan="7">Arcanes III, IIII, VIII, XI, XII, XXI, Le Mat : génération en âge de féconder, ou la personne qui consulte, homme ou femme.</td></tr>
<tr><td></td><td>
</td><td>
</td><td>
</td><td>
</td><td>
</td><td></td></tr>
<tr><td colspan="7">Arcanes I, VI, VII, XVII, XVIIII : Les descendants, les enfants, les adolescents ou de jeunes adultes.</td></tr>
</table>

Classement du plus jeune au plus âgé

- Le Bateleur + La Lune : bébé (garçon ou petit garçon).
- L'Etoile + La Lune : bébé (fille ou petite fille).
- Le Bateleur : jeune homme.
- L'Etoile : jeune femme.
- Le Monde : jeune femme.
- L'Amoureux : jeune homme entouré d'une jeune femme et d'une femme d'âge moyen.
- Le Chariot : jeune homme.
- L'Impératrice : femme adulte.
- Le Pendu : jeune homme.
- La Force : jeune femme adulte.
- L'Empereur : homme adulte.
- La Justice : femme adulte.
- Le Mat : homme adulte.
- La Papesse : femme d'âge mûr.
- Le Pape : homme d'âge mûr.
- L'Hermite : homme ou femme très âgé.es.

Sans âge

- Tempérance XIIII : Ange.

Exercice pratique 3

Rappel : l'explication détaillée du descriptif de chaque arcane se trouve dans la troisième partie de ce livre. Consulter les réponses seulement en fin d'exercice.

Commencer par répondre spontanément. Reprendre les chapitres précédents afin de réviser votre acquis et éventuellement de corriger les erreurs.

1. Pour figurer une famille, quels arcanes pour désigner un grand père et ses deux petits enfants : fille et garçon ?
2. Quels arcanes pour une femme de 40 ans et sa grande sœur ?
3. Quels seront les 4 arcanes à choisir pour représenter un président d'une société, son PDG, son Directeur et son sous-directeur, citer dans l'ordre.
4. Quels arcanes pour une mère et son bébé, le bébé est un garçon.
5. Quels arcanes pour un couple, il a 50 ans et elle, 27.
6. Quel arcane indique le bruit, le son ?
7. Comment un personnage dans un arcane indique qu'il ne se laisse pas influencer par ce qu'il entend ? Trouver quel ou quels arcanes.
8. On voit son oreille et c'est le seul, qui est-il ?
9. Il est prêt à agir et pourtant il regarde vers votre gauche, qui est-il ?
10. Citer les arcanes dont les personnages ont le cou couvert. Indiquer ce que cela représente au niveau de la communication.
11. Quel arcane est une excellente médiatrice ?
12. Quels sont les 2 arcanes qui indiquent la jouissance de la vie ?

Exercice d'observation

Retourner toutes les cartes face vers la table.

Poser la question : quel arcane me représente en ce moment ?

Prendre une carte.

Noter le ressenti immédiat devant cet arcane et noter les détails significatifs. Noter en quelques lignes tout ce qui vous vient d'autre au sujet de cet arcane. Ne pas oublier de dater vos notes.

Correction de l'exercice pratique 2

1. **Que représente la couleur verte ?**
   Le monde végétal, la fertilité, la force de la nature,
   la froideur des sentiments, la vitalité profonde,
   la résistance au temps.

2. **Sur quelles cartes trouve-t-on des végétaux ?**
   Le Mat, I, III, IIII, VII, VIII, XII, XIII, XIIII, XVI, XVII, XVIII, XXI

3. **Quel personnage de quel arcane possède l'attitude corporelle qui ressemble le plus à celle du Mat ?**
   XIII.

4. **Le portrait d'une femme dynamique, fait penser à quel ou quels arcanes ?**
   III, XI.

8 – Les cartes que la vie nous distribue

« La meilleure façon de prédire votre avenir,
c'est de le créer. »
Peter Drucker (1909-2005)

La vie offre une palette de choix vaste et variée comme un jeu de cartes. **Elle laisse à chacun le soin de les jouer comme bon lui semble**.

Souvent le cours de la vie, ou bien les proches, ou d'autres personnes, mais aussi nos schémas mentaux, semblent nous commander. Nous subissons les événements ce qui génère frustrations et fatalisme.

Chaque jour offre un choix **avec un large éventail de possibilités**, de chemins différents. Dans le souhait de construire son propre chemin, le Tarot peut aider à faire des choix plus conscients et plus passionnants.

LES 22 ARCANES MAJEURS DETAILLES

Le Mat, appelé aussi le Fou

<table>
<tr><td colspan="3">Le bonnet sort du haut de la carte :
Son intelligence active est inspirée par des idéaux personnels ou les plans supérieurs.</td></tr>
<tr><td>Le bonnet ferme ses oreilles :
Il n'écoute pas les autres,
il reste dans sa vérité.

Petit baluchon :
Il voyage léger, il est détaché de toute racine, toute appartenance, de tout jugement. Il s'est délesté pour mieux avancer.

Le chien le pousse :
C'est son instinct qui le fait bouger.</td><td>
</td><td>Il a le nez en l'air :
Le visage tourné vers le ciel. Il suit son inspiration.

Ses cheveux sont cachés par le bonnet :
Il ne dévoile pas toujours ses véritables pensées.

Ses souliers et son bâton sont rouges :
Il marche avec énergie.
Il est ancré sur le sol aidé d'une canne.
Il est pragmatique.</td></tr>
</table>

Départ, libre-arbitre, liberté

Le Mat porte un nom, mais pas de chiffre romain car sa place est partout. Il parcourt le jeu du tarot. Il représente **notre libre-arbitre**, notre possibilité de changer de direction selon notre instinct.

Il représente la **liberté, l'autonomie.** Il montre la variété des choix que l'on peut faire à chaque instant. **Détaché de tout blocage mental**, de toute appartenance, et de tout jugement, il avance activement avec un bâton de pèlerin. Son visage et son regard sont tournés vers le ciel.

Considéré comme illuminé ou sage, il se permet de **dire certaines vérités**. Il porte sur sa tête le bonnet à grelots du fou du roi. Le bonnet couvre ses oreilles, car il n'écoute pas les autres, **il reste dans sa propre vérité**.

Sa communication est active (vêtements extérieurs de couleur rouge et jaune, vert, bleu), il communique aisément et de façon légère sur de nombreux sujets. Il sait amuser son public, c'est son rôle.

Son intelligence active est nourrie par ses idéaux personnels et le Niveau Supérieur. Son énergie est **ancrée dans le sol.**

Le Mat, dans un tirage, est détaché de la carte qui le précède, il est tourné vers une situation nouvelle, un autre projet, une autre direction. Il apprend aussi le **lâcher prise.**

Le Mat c'est chacun qui chemine dans sa vie et ses projets, et se promène le long des 21 arcanes du Tarot.

Mots clés et symboles / Le Mat

Mot clés : Sagesse, liberté, énergie, voyage, départ, recherche, originalité, libération, insouciance, différence et surtout esprit non conventionnel.

Aspect négatif quand l'arcane se présente renversé : Folie, errance, irréalisme, incapacité à raisonner lucidement, coup de tête, complications.

Nombre : Les arcanes du Tarot portent des **chiffres romains**. Cette lame ne porte pas de chiffre, car elle est libre. Certains auteurs lui attribuent la valeur 0 ou 22, ce qui indique le début, la fin ou le recommencement.

1. Profil psychologique et comportemental / Le Mat

Vagabond, aventurier, personnage sans attache, baroudeur, quelqu'un qui est prêt à partir.

Il se sent chez lui partout dans le monde. Individu original, à la personnalité marquée, différente, qui prône ou possède réellement une liberté de choix et d'action. Il semble agir sans entrave.

Cette personne rejette les contraintes et exprime ses sentiments, avis ou ressentis avec une légèreté insouciante et sans détour. Si le ton est parfois humoristique, léger, le discours en fait est empreint d'une grande sagesse.

2. Âge/Personnages / Le Mat

- Un adulte homme ou femme.
- Une personne qui se déplace. Cette carte peut représenter la personne qui fait le tirage et qui se déplace, ou va se déplacer pour un projet ou un rendez-vous.

3. Métiers/Secteurs d'activité / Le Mat

Par analogie, les détails de cette carte indiquent un corps de métier précis.

- **La créativité** : Les métiers de créativité et de « fous » du roi.
- **L'extérieur** : Les métiers du spectacle, du cirque, de la vie au grand air, l'animation.
- **La marche** : Les métiers liés à la randonnée, les circuits, le trekking, les voyages.
- **Le mouvement et les projets** : Les métiers liés au déménagement, aux livraisons de colis…

4. Délais/Réponse / Le Mat

C'est la carte suivante qui va indiquer le délai.
Pas de date précise, car cette carte privilégie votre libre-arbitre.
Réponse : Même neutralité par égard pour votre liberté.

5. Planète/Signe / Le Mat

Uranus : L'esprit visionnaire, l'inventivité, la curiosité, les facultés de transcendance.
Verseau : L'originalité, l'humanisme, l'audace, l'ouverture d'esprit.

6. Lieux / Le Mat

La nature, dehors, au loin, ou dans des lieux désertiques ou peu habités.

Sur des chemins ordinaires ou de randonnée.

7. Professionnel/Activités / Le Mat

Prédiction

- Changement de service dans l'entreprise.
- Changement de travail ou d'équipe, au sein de l'entreprise.
- Changement dans le domaine d'activité.
- Changement d'entreprise, si cette carte est accompagnée de l'arcane XIII.
- Déplacement ou une mission professionnelle.

Conseils pratiques

Ne fuyez pas les contraintes, ni les responsabilités dans le poste ou la fonction occupés. Réfléchissez à une nouvelle voie professionnelle, faites un bilan de compétences. Anticipez avec imagination. Acceptez le changement en découvrant les avantages.

Ces conseils sont les mêmes à utiliser si vous tirez les cartes pour quelqu'un.

8. Affectif/Familial / Le Mat

Prédiction

- Éloignement.
- Intérêts différents des siens.
- Relation qui prend de la distance, pour le moment.
- Désengagement d'une certaine personne.
- Refus d'engagement.
- Souhait de sortir de son carcan.
- Le baluchon sur le dos souligne le désir de déménager. Le mouvement se confirme avec la présence proche des arcanes de la Lune XVIII et de la Roue de Fortune X.

Conseils pratiques

Parlez de vos différences et ne forcez pas les choses, en ce moment. La personne aimée a plus besoin de liberté que de chaînes. Armez-vous de patience, avant de pouvoir poser des bases solides et sécuritaires de relation avec elle.

Ces conseils sont les mêmes à utiliser si vous tirez les cartes pour quelqu'un.

9. Matériel/Financier / Le Mat

Prédiction

- Incurie financière.
- Dépenses irréfléchies.
- Manque de prévoyance avec un quotidien au jour le jour.
- Problèmes de budget à surveiller de près.
- Concurrence et infidélité de la clientèle.

Conseils pratiques

Attention à vos dépenses exagérées, qui peuvent engendrer chez vous des regrets stériles. Dans notre société de consumérisme, bon nombre de nos achats ne répondent à aucun véritable besoin (le désir n'est pas le besoin).

Pour chacun de vos projets, investissez pour l'essentiel, le nécessaire. Restez prudent.

Ces conseils sont les mêmes à utiliser si vous tirez les cartes pour quelqu'un.

10. Spirituel/Personnel / Le Mat

Prédiction

- Nouveau chemin. Nouveau cycle.
- Libre-arbitre retrouvé et utilisé.
- Nouvelles perspectives se dessinent à l'horizon.

Conseils pratiques

Libérez-vous de vos blocages personnels. Choisissez ce qui vous correspond vraiment.

Chaque situation que vous fuyez, reste dans votre balluchon. Elle reste attachée à vous charge et elle va se reproduire. Sortez des routines de votre passé dépassé.

Méditation de Jean de La Fontaine : « *On rencontre sa destinée souvent par des chemins que l'on prend pour l'éviter.* »

L'univers s'ouvre sur la voie du changement.

- **La carte précédente** montre l'étape, le cycle, le chemin réalisé.
- **La carte suivante** indique l'avenir.
- Méditez bien sur la position de ces trois cartes.

Ces conseils sont les mêmes à utiliser si vous tirez les cartes pour quelqu'un.

11. Santé/Bien-être / Le Mat

Prédiction

- Confusion d'esprit, voire divagation mentale, perte de capacités cérébrales si cette carte est accompagnée des arcanes Impératrice III ou La maison Dieu XVI.
- Avec l'arcane de la Lune XVIII, troubles psychiques proches de la déprime.

Conseils pratiques

Surveillez votre ancrage personnel. Bougez plus. Pratiquez la marche ou des exercices physiques. Apaisez votre esprit. Accordez-vous de véritables moments de calme.

Ces conseils sont les mêmes à utiliser si vous tirez les cartes pour quelqu'un.

13. Communication de l'arcane avec les autres arcanes

Le Mat regarde la carte qui est à droite et tourne le dos à la carte qui le précède. Dans le tirage, il quitte donc la carte précédente pour aller vers celle qui suit. Cet arcane sur la table avec les deux cartes posées à droite et à gauche permet de faire le point sur soi-même.

- **Carte à gauche du Mat** : Ce que l'on quitte, quelque chose ou quelqu'un pour changer de cycle. Vivre une autre relation.
- **Carte à droite du Mat** : Vers quoi ou vers qui l'on va.

14. Exercices pratiques d'assimilation

Exercice de réflexion personnelle

Le Mat c'est le mouvement. Il se promène dans le Tarot au gré des envies ou des choix. Il représente un nouveau démarrage, un nouveau point de vue. Un changement ou encore l'arrêt d'un projet ou d'une relation.

- Dans quel domaine utilisez-vous ou non votre libre-arbitre ?
- De quelle situation précise voulez-vous sortir ? (Carte précédente)
- Quels moyens d'action immédiats, indiqués par la carte, vous permettront de parvenir au résultat souhaité ? (Cf. Carte suivante).

Exercice d'assimilation

Sortez l'arcane du jeu, laissez-le en évidence devant vous et consultez-le souvent. Vous pouvez également le poser sur votre table de nuit. L'important c'est de vous imprégner vraiment de cette carte.

Rappel : N'oubliez pas de noter au fur et à mesure tous les éléments offerts par votre intuition ou les circonstances du moment. Relisez régulièrement vos notes le soir.

15. Le message proposé par le Mat

"Je m'autorise à me libérer. J'avance avec confiance, je suis mon instinct, j'écoute les signes qui me guident."

"Ne confondons pas notre chemin avec notre destination.
Ce n'est pas parce que c'est orageux aujourd'hui
que cela signifie que tu ne te diriges pas vers le soleil."

Anthony Fernando

1 Le Bateleur I

<table>
<tr><td colspan="3">Le chapeau en forme de lemniscate (8 couché - signe de l'Infini), sort du haut de la carte : Ses idées sont inspirées.</td></tr>
<tr>
<td>La direction de son regard en bas à sa droite :
Il est dans une écoute intérieure, il élabore quelque chose, il écoute son ressenti.

Ses vêtements bariolés :
Toutes les potentialités et capacités sont en lui.

Sur la table :
Différents objets rappellent les 4 éléments et les arcanes mineurs : Épées (couteau), Deniers (dés), Coupes (gobelets et sac) et Bâtons (baguette dans sa main gauche).</td>
<td>
</td>
<td>Les cheveux :
Bouclés jaunes et/ou blancs selon les Tarots. Intelligence vive, absence de préjugés.

La baguette :
Également présente dans l'arcane Le Monde XXI : inspiration spirituelle.

Le quatrième pied de la table sort de la carte à droite :
L'activité se poursuit dans le futur.

La talonnette du pied gauche :
Se lancer, même si tout n'est pas encore en place.</td>
</tr>
</table>

Décider, choisir, entreprendre, commencer

Le Bateleur est debout, jambes légèrement écartées, devant une table sur laquelle on peut voir différents objets. Attaché aux arcanes majeurs et mineurs du Tarot, il utilise leurs nombreuses richesses pour exprimer sa **créativité,** puis **agir** pour participer à **l'évolution du monde.** Ses nombreuses possibilités d'action sont générées par ses potentialités.

Le Bateleur **entreprend** et **agit**, il **crée** quelque chose de nouveau. Il fourmille d'idées, d'envies. Il est l'impulsion dynamique du **démarrage.**

Son activité se projette dans le futur. Maintenant, place aux réalisations concrètes. Mais pourtant, rien n'est totalement déterminé, il faut encore entreprendre pour de bon. Le Bateleur reste conscient des réalités de la vie et des contingences matérielles. Il tient compte de ce qu'il est et de ses propres origines.

Ses **idées sont inspirées,** son activité **intellectuelle est vive et libre**. Il **est jeune et spontané.** La direction de son regard indique qu'il est dans une **écoute intérieure** ; il est en train d'élaborer quelque chose, il **écoute son inspiration**.

1. Mots clés et symboles / Le Bateleur

Mot clés : Démarrer, début d'un cycle, action, rapidité, savoir-faire, idées à développer. Légèreté, impulsivité, insouciance de la jeunesse, naissance de nouvelles idées.

Aspect négatif quand l'arcane se présente renversé : Impulsivité, précipitation, dispersion, légèreté et insouciance, réactions irréfléchies, parfois mensonge pour parvenir à ses fins ou pour plaire.

Nombre 1 : Début de tout, entreprise, commencement, unité, autonomie, solitude.

2. Profil psychologique / Le Bateleur

Vivacité, jeunesse d'esprit, impulsivité, créativité, polyvalence, présence intense. Il est tellement créatif et passionné qu'il démarre un enchaînement de projets nourris les uns par les autres. À vouloir tout faire, il se disperse et peut manquer de persévérance.

3. Âge/Personnages / Le Bateleur

- Un jeune homme ou un adolescent.
- **Avec l'Etoile XVII** : Un garçon et une fille, deux enfants, frère et soeur, amis, enfants de la famille : cousin, cousine...
- **Avec la Papesse II** : Un petit-fils et sa grand-mère.
- **Avec l'Impératrice III** : Un fils et sa mère (tante, grande soeur).
- **Avec l'Empereur IV** : Un fils et son père (oncle, grand frère).
- **Avec le Pape V** : Un petit-fils et son grand-père, un disciple et son maître, un étudiant et son professeur.
- **Avec l'Hermite** : Un petit-fils et un ancêtre.

4. Métiers/Secteurs d'activité / Le Bateleur

Par analogie, les détails de cette carte indiquent un corps de métier précis.

- Métiers que l'on **pratique devant ou sur une table** : Architecture, dessin industriel, travaux d'écriture...
- Métiers de **bateleurs de foire**, de **vente**, de commerce, de démonstration.

- Métiers en relation avec les **tables**, les **couteaux et les aiguilles** : Chirurgie, laboratoire, prélèvements, découpe, métiers de bouche, cuisine, restauration.
- Métiers de **créativité** : Dessin, conception, bureaux d'études.
- Techniciens ou ouvriers spécialisés.

5. Délais/Réponse / Le Bateleur

Rapidement, dans un délai court.
Réponse rapide et favorable.

6. Planète/Signe / Le Bateleur

Mercure : La curiosité intellectuelle, le sens du partage, la sociabilité.
Bélier : La spontanéité, l'élan, l'énergie, l'optimisme.
Gémeaux : La curiosité, l'attitude positive, l'adaptabilité, la sociabilité.

7. Lieux / Le Bateleur

Les lieux de travail, les milieux de l'artisanat. Les salles d'intervention chirurgicale ou d'examens. Les foires et salons, les marchés. Les salles de sport ou terrains de sport. La rue. Par analogie, les espaces dans lesquels sont disposées une table ou des tables.

8. Professionnel/Activités / Le Bateleur

Prédiction

- Démarrage.
- Réelle créativité et idées productives.
- Choix déterminé, ou imminent.

Conseils pratiques

Relevez bien vos compétences : Éclaircissez vos idées en les écrivant, n'hésitez pas à échanger avec d'autres (brainstorming : remue-méninges). Listez vos passions, vos envies professionnelles.

Osez un bilan de compétences. En fonction de tout cela, triez parmi vos différentes activités pour de nouveaux choix.

Ces conseils sont les mêmes à utiliser si vous tirez les cartes pour quelqu'un.

9. Affectif/Familial / Le Bateleur

Prédiction

- Début d'une relation.
- Nouvelle rencontre.
- Rencontre éphémère.

Conseils pratiques

Ne vous précipitez pas. La rencontre a besoin de temps pour prendre corps. Si la carte représente la personne rencontrée, allez vérifier plus haut les caractéristiques de son profil psychologique. La relation n'en n'est pas encore dans sa phase de consolidation. Vous en êtes au stade de la découverte. La relation est possible, mais elle peut également s'avérer éphémère.

Ces conseils sont les mêmes à utiliser si vous tirez les cartes pour quelqu'un.

10. Matériel/Financier / Le Bateleur

Prédiction

- Rentrée financière rapidement.
- Dépenses impulsives non essentielles.

Conseils pratiques

Vous pouvez garder en tête la création qui va générer des revenus. Mais attention, Le Bateleur est vif et il a peu d'expérience, et vous risquez donc de ne pas mettre d'argent de côté. Faites donc attention votre budget.

Ces conseils sont les mêmes à utiliser si vous tirez les cartes pour quelqu'un.

11. Santé/Bien-être / Le Bateleur

Prédiction

- Nécessité d'un bilan de santé et parfois même possibilité d'une intervention chirurgicale ou d'un examen médical approfondi. Une autre carte vous apportera plus de détails.
- Possibilité de pathologies qui empêchent de bouger sur le plan physique ou mental comme un état dépressif ou une grande fatigue.
- Niveau de l'énergie vitale. La carte suivante indique le type d'énergie.

Conseils pratiques

Mobilisez-vous un peu plus, pratiquez une activité physique régulièrement. Diversifiez votre alimentation. Mangez en toute conscience. Sélectionnez vos aliments et mastiquez plus lentement.

Ces conseils sont les mêmes à utiliser si vous tirez les cartes pour quelqu'un.

12. Spirituel/Personnel / Le Bateleur

Prédiction

- Début d'un chemin spirituel.
- Rencontre d'un courant de pensée ignoré jusqu'alors et qui vous parle aujourd'hui au point d'avoir envie d'aller plus loin dans ce sens.

Conseils pratiques

Prenez conscience de votre vie aujourd'hui. Agissez concrètement. Développez votre potentiel au lieu de rêver au destin des autres. Travaillez votre estime de vous en utilisant vos qualités personnelles pour lever vos doutes sur vos potentialités. Quand vous y parviendrez, vous pourrez à votre tour l'enseigner à d'autres.

Ces conseils sont les mêmes à utiliser si vous tirez les cartes pour quelqu'un.

13. Communication de l'arcane avec les autres arcanes

Le Bateleur regarde la carte qui est à gauche et son buste est tourné vers la droite. Dans un tirage :

- **1 à 3 cartes à gauche du Bateleur** : Vos potentialités actuelles, les richesses ou les compétences sur lesquelles vous appuyer.
- **1 carte à droite du Bateleur** : Les nouvelles potentialités à développer ou encore le domaine à exploiter pour entreprendre ou simplement passer à l'action.

14. Exercices pratiques d'assimilation

Exercice de réflexion personnelle

Le Bateleur représente le commencement des entreprises et il indique la façon de choisir ou de créer.

- Qu'allez-vous créer ? Une association, une idée originale, un produit, un service ?
- Qu'allez-vous faire maintenant concrètement et dans quel domaine ?

- Quelles sont vos excellentes intuitions qui n'attendent plus que vos actions ?
- Quelle est votre opinion sur vous-même ? Cultivez-vous des pensées négatives ?
- À qui appartient la petite voix qui saborde chaque fois vos bonnes initiatives ?

L'avenir sera celui que votre mental crée en permanence.

Aujourd'hui, comment est-ce que vous l'imaginez ?

Exercice d'assimilation

Sortez l'arcane du jeu, laissez-le en évidence devant vous et consultez-le souvent. Vous pouvez également le poser sur votre table de nuit. L'important c'est de vous imprégner vraiment de cette carte.

Rappel : N'oubliez pas de noter au fur et à mesure tous les éléments offerts par votre intuition ou les circonstances du moment. Relisez régulièrement vos notes le soir.

15. Le Message proposé par le Bateleur

"Je choisis de commencer quelque chose, même si c'est une petite chose. Je ne connais pas encore mes possibilités et mes capacités, mais je m'autorise à faire un petit pas dès aujourd'hui. Je n'attends pas que tout soit parfait."

2 La Papesse II

<table>
<tr><td colspan="3">La tiare et les colonnes sortent du cadre :
L'arcane est nourrie par les plans supérieurs. Elle est initiée et très intuitive.</td></tr>
<tr>
<td>Le livre de la connaissance :
Elle n'a pas besoin de le lire, elle en possède la connaissance.

Le livre touche la partie de gauche de la carte :
La Papesse connaît votre vie et votre passé.

Les habits sortent du cadre en bas :
Elle est très ancrée,
elle fait le lien entre l'Esprit et la Matière.

La robe rouge, verte
et bleue :
Vie intérieure intense.</td>
<td>
</td>
<td>Les colonnes couvertes de voiles :
Tout n'est pas révélé.
Le mystère ne sera dévoilé qu'à quelques initiés.

Les 3 niveaux de la tiare :
Corps, Ame et Esprit.

Les cheveux sont cachés
et la gorge est couverte :
La pensée est exprimée mais avec retenue.
Chaque parole est choisie avec soin.

Des écharpes et des étoles drapent le buste :
L'expression des émotions est filtrée.</td>
</tr>
</table>

Gestation, étude, assimilation, comptes

La Papesse détient La Connaissance et elle ne la révèle qu'à quelques initiés. Pour la plupart de ceux qui la consultent, le mystère restera entier.

Assise, c'est elle qui tient le livre de notre vie. Elle nous connait et connaît notre histoire. Elle écoute avec attention. **Elle prend le temps** nécessaire pour analyser la situation.

Elle incite à **faire le point**, à **analyser,** à **mesurer et à peser** les éléments en place : le pour, le contre, le positif, le négatif, les forces et les points de faiblesse.

Elle établit également **les comptes**. Elle ouvre le cahier et les livres de l'Apprentissage ou de la Formation.

Elle indique les **projets en gestation** qui ont encore besoin temps pour naître.

Elle approfondit les intuitions et les impulsions créatrices du Bateleur. Elle symbolise **notre intuition profonde** et elle permet l'accès aux messages de notre **inconscient.**

1. Mots clés et symboles / La Papesse

Mot clés : Étudier, attendre et réfléchir, analyser, se former, faire un bilan comptable des éléments ou un bilan des potentialités, garder le secret sur soi ou maintenir un secret de famille, présence d'une relation cachée, sagesse liée à l'expérience, grossesse annoncée, projet en gestation.

Aspect négatif quand l'arcane se présente renversé : Lenteur, passivité, digestion difficile, incubation d'une maladie, freins sur des réalisations ou sur des objectifs, appréhension devant la prise de risques ou même la mise en action.

A force de vouloir tout calculer et tout maîtriser, il y a danger d'immobilité et de repli sur soi, de doutes importants jusqu'au blocage complet.

Nombre 2 : Passif, couple, équilibre entre deux forces, dualité, ambivalence ou complémentarité, différences ou similitudes, intérieur et extérieur, soi et l'autre, conscient et inconscient.

2. Profil psychologique / La Papesse

Sagesse, discrétion, fidélité, respect, sincérité, douceur. On peut compter sur elle. Elle est maternelle, juste, mais sans complaisance. C'est une personne prudente. Mais par excès de prudence, elle peut devenir passive. Elle peut aussi attendre que quelqu'un d'autre agisse à sa place.

3. Âge/Personnages / La Papesse

- Une femme, une mère, une grand-mère, une grande sœur, une supérieure hiérarchique.
- **Avec l'Impératrice III** : Une mère et sa fille, une grande soeur et une petite soeur, la tante et la nièce, deux amies, deux femmes d'âge différent...
- **Avec l'Empereur IIII :** Une mère et son fils, une grande soeur et un petit frère, deux amis. Si c'est un couple, ces deux cartes indiquent leur différence d'âge ou de centres d'intérêts.

4. Métiers/Secteurs d'activité / La Papesse

Par analogie, les détails de cette carte indiquent un corps de métier précis.

- Métiers dans le domaine du **livre** : Journaliste, écrivain, infographiste, documentaliste, libraire, éditeur.

- Métiers en relation avec des **cahiers de comptes** : Les bilans comptables, le secteur administratif de l'entreprise, le chef du personnel, les démarches Qualité, la Logistique.
- Métiers concernant les **soins du corps** ou apportés aux différents corps : le physique, le mental et le social : Secteur médical, para médical, diététicien, masseur, assistant social, assistant de vie, nourrice...
- Métiers qui prennent **soin de l'esprit** : Psychologue, thérapeute, médecin, sophrologue, professeur de yoga etc.
- Femmes des milieux religieux ou spirituels.

5. Délais/Réponse / La Papesse

Délais assez longs.
Réponse : Patienter.

6. Planète/Signe / La Papesse

Lune : L'aspect maternel, la fécondité, la réceptivité, la capacité à se relier à l'inconscient et l'intuition.
Cancer : L'empathie, la tolérance, la serviabilité, l'intuition, le calme et l'intégrité.

7. Lieux / La Papesse

La maison, le foyer, les lieux de prière, les chambres, les salons, les cabinets médicaux (de soins, de bien-être), les centres de thérapie, les lieux sacrés, les cabinets de gynécologie/obstétrique.

8. Professionnel/Activités / La Papesse

Prédiction

- Stabilité.
- Préparation des futurs projets.
- Ce qui a besoin de mûrir : Le moyen et le long terme.
- Sécurité financière par la tenue rigoureuse des comptes.
- Activités de formations.
- Formation proposée ou à faire.
- Procéder à un bilan financier ou comptable.
- Métiers sociaux : relation d'aide ou de soins.

Conseils pratiques

Après avoir fait le travail proposé par le Bateleur, posez vos nouvelles idées. Évaluez votre niveau de connaissances pour mieux analyser la situation et ensuite réaliser vos projets. Reconnaissez vos potentialités dans le domaine souhaité pour garder confiance en vous.

Ces conseils sont les mêmes à utiliser si vous tirez les cartes pour quelqu'un.

9. Affectif/Familial / La Papesse

Prédiction

- Dans une relation de couple : La fidélité, la sérénité, la sagesse, les désirs d'enfant ou même le démarrage d'une grossesse.
- Si cette carte symbolise le couple lui-même : Elle indique que les mêmes valeurs morales ou éthiques sont partagées.

Conseils pratiques

S'il s'agit du couple, évaluez vos besoins et désirs respectifs. Montrez-vous patient et bienveillant envers l'autre. Ne ressassez pas votre passé. Quels sont vos rôles respectifs ? Materner ? Être materné ?

Ces conseils sont les mêmes à utiliser si vous tirez les cartes pour quelqu'un.

10. Matériel/Financier / La Papesse

Prédiction

- Bonne gestion du projet.
- Bonne gestion financière du projet.
- Formation professionnelle.
- Dépenses prudentes et avisées.
- Bons conseils de gestionnaires.

Conseils pratiques

Dressez le bilan des dépenses et des recettes, de l'état de vos finances personnelles. A partir de ce bilan établissez votre projet ou contractez un emprunt selon les cas.

Ces conseils sont les mêmes à utiliser si vous tirez les cartes pour quelqu'un.

11. Spirituel/Personnel / La Papesse

Prédiction

- Rencontre avec une certaine personne qui vous offrira des réponses avisées : sages et prudentes.

Conseils pratiques

Pour vous relier aux Plans Supérieurs, commencez par lâcher prise en calmant votre mental. Installez-vous dans un endroit calme et propice à la concentration. Vont émerger des idées plus claires et plus inspirées. La paix intérieure sera toujours votre meilleur guide.

La Papesse représente le consultant, le porteur de la mémoire familiale dont les secrets. Elle est une aide à la réflexion intérieure. Elle vous permet d'avancer pour comprendre votre fonctionnement personnel. Elle vous connecte à vos ressentis et à vos sensations.

12. Santé/Bien-être / La Papesse

Prédiction

- Grossesse.
- Maladie non déclarée.
- Problèmes liés aux flux corporels comme des œdèmes.
- Pathologies liées à l'utérus, la vessie ou le sein, des cycles menstruels perturbés ou des problèmes hormonaux.

Conseils pratiques

Surveillez votre équilibre général. La Papesse est très statique. Pensez à sortir pour mieux respirer, une bonne marche dans la nature va calmer votre mental. Soyez attentif à toutes les perturbations physiques ou mentales qui surviennent.

Ces conseils sont les mêmes à utiliser si vous tirez les cartes pour quelqu'un.

13. Communication de l'arcane avec les autres arcanes

La Papesse regarde la carte qui est à gauche. Sa position est de face, tournée d'un quart sur votre gauche. Dans le tirage, elle pose son regard attentif sur la carte qui la précède et apporte ses connaissances à la carte suivante.

- **Carte à gauche de la Papesse :** Réponse à une des questions ci-dessous. Ce à quoi ou à qui elle s'intéresse, cette carte vous donne des indices.
- **Carte à droite de la Papesse :** A qui ou quoi elle apporte son soutien et ses connaissances.

14. Exercices pratiques d'assimilation

Exercice de réflexion personnelle

La Papesse représente les réflexions, les doutes parfois, l'immobilisme, le conservatisme, les apprentissages, la sagesse intérieure, l'écoute attentive de la voix intérieure.

- Sur quel sujet voulez-vous faire le point en ce moment ?
- Pour vous où se trouve l'essentiel de votre vie ?
- Évaluez ou réévaluez les paramètres qui vous interrogent.
- Quelles sont vos assises matérielles, financières et spirituelles ?

Exercice d'assimilation

Sortez l'arcane du jeu, laissez-le en évidence devant vous et consultez-le souvent. Vous pouvez également le poser sur votre table de nuit. L'important c'est de vous imprégner vraiment de cette carte.

Rappel : N'oubliez pas de noter au fur et à mesure tous les éléments offerts par votre intuition ou les circonstances du moment. Relisez régulièrement vos notes le soir

15. Le Message proposé par la Papesse

"Je m'autorise à utiliser mes connaissances pour les transmettre à autrui et les guider ou les aider à se guider eux-mêmes."

Exercice pratique 4

Rappel : Consulter les réponses seulement en fin d'exercice.

Commencer par répondre spontanément. Reprendre les chapitres précédents afin de réviser votre acquis et éventuellement de corriger les erreurs.

1. Un chef d'entreprise souhaite recruter une comptable, quel arcane décrit le mieux cette profession ?

2. Un enfant est confié à une baby-sitter, vous voulez connaître le profil psychologique de la personne concernée. Vous tirez une carte. L'arcane sorti est Le Bateleur. Décrivez donc le profil de cette baby-sitter.

3. Une femme vient de rencontrer un homme, elle demande si la relation va durer. Vous tirez une carte. L'arcane c'est le Bateleur. Que lui répondez-vous ?

4. Pierre vient de rencontrer Cécile, le profil de Pierre est l'arcane du Mat et Cécile est représentée par l'arcane de la Papesse. Que pouvez-vous dire de ce couple ? Comment peuvent-ils s'entendre au regard de leurs arcanes ?
   Quelles sont les qualités de chacun d'eux pour qu'ils parviennent à vivre en harmonie ?

5. Paul crée son entreprise, il veut démarrer rapidement, il tire deux cartes : le Mat et la Papesse, que pouvez-vous lui suggérer ?

6. Alicia veut travailler comme thérapeute, elle demande si elle en a le profil, elle sort du jeu la Papesse. Qu'avez-vous envie de lui dire de son choix professionnel à la lumière de ce tirage ?

7. Le consultant cherche à évoluer professionnellement. Il tire deux cartes : le Bateleur et la Papesse. Quel conseil pouvez-vous lui donner ?

Correction de l'exercice pratique 3

Il s'agit ici, comme en consultation directe de répondre à la question et uniquement à la question posée, c'est la meilleure façon de se montrer précis. Les réponses données sont courtes. Vous référer aux domaines questionnés (professionnel, matériel, affectif etc.) pour approfondir vos tirages.

1. **Pour figurer une famille, quels arcanes pour désigner un grand père et ses deux petits enfants : fille et garçon ?**
   Soit V+ I + XVII, soit VIIII + I + XVII, soit VIIII + IIII + III.

2. **Quels arcanes pour une femme de 40 ans et sa grande sœur ?**
   III, II.

3. **Quels seront les 4 arcanes à choisir pour représenter un président d'une société, son PDG, son Directeur et son sous-directeur, citer dans l'ordre.**
   VIIII, V, IIII, I.

4. **Quels arcanes pour une mère et son bébé, le bébé est un garçon.**
   III, I, XVIII.

5. **Quels arcanes pour un couple, il a 50 ans et elle, 27.**
   V, III.

6. **Quel arcane indique le bruit, le son ?**
   XX.

7. **Comment un personnage dans un arcane indique qu'il ne se laisse pas influencer par ce qu'il entend ? Trouvez quel ou quels arcanes.**
   Le Mat, II.

8. **On voit son oreille et c'est le seul, qui est-il ?**
   XII.

9. **Il est prêt à agir et pourtant il regarde vers votre gauche, qui est-il ?**
   IIII.

10. **Citer les arcanes dont les personnages ont le cou couvert. Indiquez ce que cela représente au niveau de la communication.**
    Le Mat, II, IIII, V, VI, VIIII, XIIII. Secrétivité, attention à la communication, filtrage, garder ses pensées pour soi.

11. **Quel arcane est une excellente médiatrice ?**
    Tempérance XIIII.

12. **Quels sont les 2 arcanes qui indiquent la jouissance de la vie ?**
    IIII, XV, plaisirs physiques.

Exercice personnel

Retournez toutes les cartes, images vers la table. Demandez quel arcane vous représente en ce moment. Tirez ensuite une carte. Notez aussitôt votre ressenti à la vue de cet arcane et notez les détails de la carte qui sont significatifs pour vous.

Développez en quelques lignes votre intuition personnelle du moment.

Si vous n'avez pas encore étudié la carte en question, notez quand même vos réflexions dans votre cahier personnel et surtout datez-les.

3 L'Impératrice III

<table>
<tr><td colspan="3">Les piliers sont moins hauts
que ceux de la carte de la Papesse :
Les mystères y sont plus accessibles et mieux explicités.</td></tr>
<tr>
<td>Le bandeau ceint sa poitrine :
Objective, elle est concentrée sur son mental tout en contrôlant son affectivité.
Elle contrôle le Cœur tout en gardant sa Raison.

L'aigle :
Vivacité intellectuelle.
Vision très fine et détaillée.

La main qui tient l'aigle est plus grande que l'autre :
Primauté de l'Esprit.

Genoux écartés :
Activité sexuelle et capacité de procréation.</td>
<td>
</td>
<td>La couronne rouge et jaune touche le cadre :
Grande inspiration, action, structuration des idées et chronologie des actions à poser.

Regard vers l'avenir :
Projection, élaboration de projets.

Pomme d'Adam marquée :
Importance de la parole, pensée et exprimée.

Le bas du sceptre pointe au niveau du bassin :
Lieu de gestation, source de vie.
Créativité et création.</td>
</tr>
</table>

Communication, écriture, création de projets

Elle est assise et tient dans sa main droite l'aigle de la **vivacité intellectuelle** et dans sa main gauche le sceptre du pouvoir soutenu par son épaule, mais qu'elle ne brandit pas. La main posée sur l'aigle est la plus importante en taille. Sa force c'est **son intelligence et ses capacités intellectuelles,** plus que le pouvoir de sa fonction.

C'est une **femme de tête**. Elle **hiérarchise ses idées** et la chronologie des actions à poser. Elle sait ce qu'elle dit, comment elle le dit et à qui elle le dit. C'est le stade de la préparation du **projet** avant sa réalisation.

Excellente communicatrice, elle prend aisément la parole **sans y mélanger affectivité** et **subjectivité.** Elle contrôle ses paroles pour demeurer objective.

Elle est en potentialité sexuelle et en capacité de procréation.

Elle représente souvent **la consultante.**

1. Mots clés et symboles / L'Impératrice

Mot clés : Pensée abstraite, force intellectuelle. Capacité à étudier les projets, écouter et communiquer, élaborer et structurer. Les courriers, les lettres, les écrits, la communication sous ses nombreuses formes (courriers, mails, internet, téléphone, SMS). Messages clairs et efficaces.

Aspect négatif quand l'arcane se présente renversé : Fierté, froideur, exigence, nervosité, engagement dans un projet sans intérêt.

Nombre 3 : Création, fertilité physique et intellectuelle. Trinité : équilibre trouvé entre l'Ame, le Corps et l'Esprit.

2. **Profil psychologique / L'Impératrice**

Femme vive, active, intelligente, élégante. Elle sait ce qu'elle fait et se montre conviviale. Son élocution est aisée. Elle sait être séductrice, mais elle ne montre pas son affection.

3. **Âge/Personnages / L'Impératrice**

- Une femme, une mère, une amie, une collègue, la consultante.
- Une femme active : avec ou sans activité professionnelle.
- Une médiatrice, ouverte au dialogue, sachant gérer les différends ou les conflits.
- Une femme sensuelle.

4. **Métiers/Secteurs d'activité / L'Impératrice**

- Métiers liés à la **Communication écrite ou Audiovisuelle** : Publicité, marketing, presse, écriture de dossiers, édition.
- Métiers liés à la **voix ou la parole** : Médiation, gestion relationnelle, interprète, chant, théâtre.
- Métiers liés au **Corps féminin** : Gynécologie, obstétrique, sexologie, endocrinologie.
- Nombreux métiers de la **Gestion de projets**.

5. **Délais/Réponse / L'Impératrice**

Arcane neutre sur les délais de réalisation.
Réponse favorable concernant les entretiens, les examens oraux et les prises de parole.

6. Planète/Signe / L'Impératrice

Vénus : La séduction, le charme, la sensualité.
Mercure : L'éloquence, les compétences intellectuelles, la curiosité, la sociabilité.
Vierge : La persévérance, le sens de l'analyse, et une volonté forte.

7. Lieux / L'Impératrice

Milieux littéraires, Administrations, Communication, lieux d'entretiens et de réunions, bureaux, bibliothèques, écoles, magasins, instituts de soins et de beauté.

8. Professionnel/Activités / L'Impératrice

Prédiction

- Projets clairs et bien posés.
- Excellente communication.
- Capacité à savoir présenter ses projets et convaincre.
- Si la carte représente l'interlocutrice, elle propose des conseils avisés pour les démarches en cours.
- Elle annonce un message : Courrier, mail, SMS, appel téléphonique, entretiens...

Conseils pratiques

Structurez votre projet pour pouvoir ensuite passer à l'action. Relevez les idées pesées et mesurées par la Papesse et notez les étapes précises de votre projet. Quand la Papesse a établi le cahier des charges, l'Impératrice ensuite propose le plan d'action point par point.

Faites de même, préparez votre communication, vos rendez-vous pour mener à bien vos entretiens et vos négociations. Ne laissez rien au hasard.

Ces conseils sont les mêmes à utiliser si vous tirez les cartes pour quelqu'un.

9. Affectif/Familial / L'Impératrice

Prédiction

- Rencontre féminine,
- Cette carte peut également représenter la consultante, l'épouse, la compagne, la femme aimée ou la femme que l'on va rencontrer.

Conseils pratiques

Communiquez et sortez de votre isolement. Entourez-vous de personnes qui aiment communiquer. Osez entamer le dialogue et converser avec autrui. Ne restez plus dans votre solitude silencieuse.

10. Matériel/Financier / L'Impératrice

Prédiction

- Intuitions sont excellentes pour générer des revenus à venir.
- Début de validation des idées grâce au plan d'action.
- Grâce à la clarté du projet, crédibilité accrue auprès des organismes, pour obtenir des moyens matériels et financiers pour concrétiser le projet.

Conseils pratiques

Concernant votre démarche, demandez conseil auprès de personnes expertes. Veillez à ce que votre dossier soit réellement complet. Lancez de nouveaux projets. Si cette carte représente votre interlocutrice : quand elle vous suit, c'est qu'elle vous donne son accord. Cela veut dire qu'elle y trouve aussi son intérêt et qu'elle accompagnera votre projet.

Ces conseils sont les mêmes à utiliser si vous tirez les cartes pour quelqu'un.

11. Spirituel/Personnel / L'Impératrice

Prédiction

- Bonne conscience des événements, grande clarté d'esprit.
- Intuitions intéressantes et exploitables.
- Femme qui va vous aider à avancer en vous donnant des clés.

Conseils pratiques

Écoutez vos intuitions, faites confiance à vos idées. Lisez des documents ou des livres inspirants. Étudiez la richesse des symboles qui vous permettront d'exploiter les messages de vos rêves.

Ces conseils sont les mêmes à utiliser si vous tirez les cartes pour quelqu'un.

12. Santé/Bien-être / L'Impératrice

Prédiction

- Fertilité.
- Pathologies possibles : nez, gorge, oreilles, cordes vocales.

- Pathologies cérébrales possibles : Les maux de tête, des pertes de mémoire dues au stress intellectuel (problèmes personnels en boucle).
- Problèmes de cervicales ou de thyroïde.

Conseils pratiques

Arrêtez de ressasser. Sortez, découvrez le côté positif des choses. Prenez des moments de congé pour retrouver le calme mental.

Ces conseils sont les mêmes à utiliser si vous tirez les cartes pour quelqu'un.

13. Communication de l'arcane avec les autres arcanes

L'Impératrice est de face. Son regard est légèrement tourné vers la carte de droite. Dans un tirage, elle tiendra compte des conseils de la carte qui la précède et communiquera ses projets ou ses idées à la carte suivante.

- **1 à 2 Cartes à gauche de l'Impératrice :** Pour ce projet, elle sait qu'elle a acquis les savoirs et les connaissances des deux cartes qui la précèdent. Elle est également habitée par le désir de réaliser. Elle conseille d'observer sur quelles richesses appuyer votre projet en cours ou pour poser un nouveau projet.
- **Carte à droite de l'Impératrice :** Vers quoi se destine le projet ou comment exploiter les richesses acquises en cartes de gauche pour agir.

14. Exercices pratiques d'assimilation

Exercice de réflexion personnelle

L'Impératrice représente, grâce à ses capacités intellectuelles, l'aisance à gérer les projets, à communiquer.

Elle montre la force de son charisme et sa capacité à écouter tout en exprimant ses besoins.

Réfléchissez à vos projets, à ceux qui sont déjà en place, à ceux qui sont en cours et à ceux qu'il serait intéressant de prévoir.

Concernant vos projets actuels, veillez à les faire avancer ou à les terminer. Notez toutes vos nouvelles idées. Partagez-les avec des amis et avec de bons conseillers.

Exercice d'assimilation

Sortez l'arcane du jeu, laissez-le en évidence devant vous et consultez-le souvent. Vous pouvez également le poser sur votre table de nuit. L'important c'est de vous imprégner vraiment de cette carte.

Rappel : N'oubliez pas de noter au fur et à mesure tous les éléments offerts par votre intuition ou les circonstances du moment. Relisez régulièrement vos notes le soir.

15. Le message proposé par l'Impératrice

"J'accepte de voir que c'est moi l'auteur de mes expériences... et de ma vie. Mes pensées créent en permanence. Je les observe et elles me permettent de créer maintenant ce qui me convient mieux."

4 L'Empereur IV

<table>
<tr><td colspan="3">Le casque rouge et jaune :
Coiffe d'un bâtisseur doté d'une belle intelligence concrète.</td></tr>
<tr>
<td>Il n'est pas complètement assis :
Il est prêt à se lever et à agir.

Sa main droite qui tient le sceptre est plus grande que l'autre :
Il a confiance dans sa capacité d'action.
Il a le sens du pouvoir.

Ses jambes croisées,
la droite sur la gauche :
Symbole de Jupiter, f signe de croissance et d'abondance.
Il concentre ses énergies au service de la réalisation.</td>
<td>

Empereup :
Nom original de l'Empereur.</td>
<td>Il regarde à gauche :
Il est attentif aux projets élaborés par l'Impératrice.

Son casque recouvre sa nuque :
Il est prudent et protège ses arrières.

Son collier avec des épis de blés :
Il désigne l'Abondance et la Fertilité.

Sa ceinture tenue par sa main gauche :
Il maitrise ses pulsions.

Son pied droit s'appuie sur l'aigle :
Il a confiance en son acuité intellectuelle.</td>
</tr>
</table>

Stabilité, action, travail, bonne gestion matérielle

Il est debout, calé sur le devant de son siège. Sa solidité sont ses connaissances et son acuité intellectuelle. Il agit **avec inspiration.**

Stable, responsable, il possède une **belle assurance naturelle**.

Il regarde en direction de l'Impératrice pour connaître ses projets et ses plans, afin de **passer à l'action**. Sa main droite qui tient le sceptre est plus développée, parce qu'il a le pouvoir d'agir. Il sait **construire**, **diriger** et **mener les projets au succès**. Ses actions sont bien réfléchies et empreintes de bon sens.

Il a cette belle **intelligence** de gérer les choses **matérielles** avec un sens développé pour la débrouillardise et la saisie de l'opportunité.

Il s'affirme tout simplement, sans orgueil. Il sait ce qu'il doit faire et comment le faire. En **bon vivant**, il sait profiter des bonnes choses de la vie et des plaisirs de la table.

Il est **productif et efficace.** C'est un homme fertile en activité sexuelle.

La carte représente aussi **le consultant**.

1. Mots clés et symboles / L'Empereur

Mot clés : Action, loyauté, énergie, stabilité, protection, sens pratique, confiance, autorité, puissance, fertilité, maturité, équilibre. Confirmation des sentiments existants.

Aspect négatif quand l'arcane se présente renversé : Activisme sans réflexion. Action pour l'action.

Dispersion. Despotisme, autorité tyrannique. Pouvoir au service des instincts primaires.

Nombre 4 : La stabilité, les fondations, la méthode, l'organisation et le contrôle.

2. Profil psychologique / L'Empereur

Il est fiable pour les questions de matériel, de transactions, de biens, d'actions, de décisions, d'organisation. C'est l'homme de la situation.

Il profite de la vie comme un véritable jouisseur. Il apprécie autant les bonnes sorties que les bons petits plats. Cela peut engendrer des problèmes d'embonpoint.

3. Âge/Personnages / L'Empereur

- Homme en période d'activité professionnelle, avant l'âge de la retraite.
- Il peut être le conjoint, l'époux, l'ami, un père ou beau-père, l'homme que vous avez rencontré ou que vous allez rencontrer.
- Il est votre interlocuteur.

4. Métiers/Secteurs d'activité / L'Empereur

Par analogie, les détails de cette carte indiquent un corps de métier précis.

- Métiers en relation avec le **Commerce et les affaires** (homme ou femme) : Patron, chef d'entreprise, investisseur, négociateur, commercial, banquier, financier.
- Métiers de l'**Enseignement et de la Formation.**
- Métiers **de bouche** : De l'élaboration à la vente des produits alimentaires et des repas.

- Métiers de la **production, reproduction** et fertilité : Monde de la terre, de l'élevage, de l'insémination.

5. Délais/Réponse / L'Empereur

Assez rapide.
Réponse favorable pour les questions matérielles et pour la consolidation des situations.

6. Planète/Signe / L'Empereur

Jupiter : Le sens de la protection et de la vie sociale, la coopération, l'aide mutuelle, la maturité.
Taureau : La détermination, la loyauté, la sensualité, le sens épicurien, la patience.

7. Lieux / L'Empereur

L'entreprise, les lieux de travail, autres lieux éloignés du domicile parce que cet homme se déplace.

8. Professionnel/Activités / L'Empereur

Prédiction

- Réussite de l'entreprise.
- Un projet va se concrétiser.
- Rencontre avec un entrepreneur.
- Aide d'un homme au sens pratique et autoritaire qui connaît bien son métier pour vos projets ou votre futur emploi.

Conseils pratiques

Passez à l'action. Engagez-vous dans votre projet, mais ne forcez pas les choses en cas d'obstacles. Adaptez-vous.

9. Affectif/Familial / L'Empereur

Prédiction

- Rencontre avec une personne intègre, parfois ferme ou peu sentimentale, mais qui sait s'engager à vos côtés et qui se montrera bienveillante.
- Cet homme représente le conjoint, l'époux, l'amant ou une nouvelle rencontre.
- En lien avec l'arcane de l'Etoile XVII : une nouvelle personne, totalement inconnue de vous jusqu'alors.

Conseils pratiques

Homme parfois autoritaire, mais protecteur. Il est jovial, agréable, bon vivant. Il aime la bonne chère et la vie des sens. Profitez de la sécurité qu'il vous apporte et acceptez sa protection.

Ces conseils sont les mêmes à utiliser si vous tirez les cartes pour quelqu'un.

10. Matériel/Financier / L'Empereur

Prédiction

- Sécurité matérielle, aisance d'action.
- Réussite financière de vos projets.
- Concrétisation d'un certain projet précis.
- Rencontre avec des interlocuteurs favorables sur le plan financier : vos finances, vos achats et vos investissements.

Conseils pratiques

Passez à l'action. Prenez conseil auprès d'une personne qui a déjà réussi dans le domaine qui concerne vos projets.

Ces conseils sont les mêmes à utiliser si vous tirez les cartes pour quelqu'un.

11. Spirituel/Personnel / L'Empereur

Prédiction

- La prise de conscience vous permet de passer à l'action.

Conseils pratiques

Agissez au lieu de temporiser et de tergiverser, faites un premier pas et osez une action sur votre chemin.

Ces conseils sont les mêmes à utiliser si vous tirez les cartes pour quelqu'un.

12. Santé/Bien-être / L'Empereur

Prédiction

- Elle indique une bonne santé nourrie par une belle énergie.
- L'Empereur ayant tendance à bien aimer la vie, il peut abuser des bonnes choses, mais sans se créer de dépendance (sauf si les cartes Le Pendu XII et Le Diable XV le suivent ou l'encadrent).
- Il peut y avoir une petite surcharge pondérale, si on mange trop, ou trop vite ou pas équilibré.

- Présence possible de quelques troubles au niveau des globules rouges et des globules blancs, des vertèbres cervicales ou encore du taux de cholestérol.

Conseils pratiques

Surveillez votre alimentation et la qualité de celle-ci. Pratiquez une activité physique réjouissante. Dépensez-vous physiquement.

13. Communication de l'arcane avec les autres arcanes

L'Empereur est vraiment de profil et regarde sur notre gauche. Dans un tirage, il appuie ses actions sur ce que la carte de gauche lui donne comme indications. Il se peut qu'il soit en train de regarder une autre personne.

Dans un tirage sur les questions sentimentales, attention à qui il regarde avec intérêt (carte de gauche). Attention aussi à qui est dans son dos (carte de droite) il y porte peu d'intérêt ou un intérêt secondaire.

- **1 à 3 cartes à gauche de l'Empereur** : Il fixe son attention sur celles-ci. Elles indiquent tout ce qui concerne la question posée. C'est à partir d'elles que l'Empereur posera ses actions. Si cette carte représente une personne, il l'écoute attentivement.
- **Carte à droite de l'Empereur :** Le sens de son action, une fois qu'il aura pris connaissance des indications des cartes précédentes.

14. Exercices pratiques d'assimilation

Exercice de réflexion personnelle

- L'Empereur vous représente dans vos capacités d'action et d'entreprise, vos capacités à être, ou à devenir un bon gestionnaire et à réussir sur le plan matériel.
- Quelle action allez-vous poser pour votre projet ?
- Dans quel domaine allez-vous agir ?
- Qu'allez-vous faire pour poser la première pierre de votre édifice ?
- Quel est le modèle qui vous inspire ?

Exercice d'assimilation

Sortez l'arcane du jeu, laissez-le en évidence devant vous et consultez-le souvent. Vous pouvez également le poser sur votre table de nuit. L'important c'est de vous imprégner vraiment de cette carte.

Rappel : N'oubliez pas de noter au fur et à mesure tous les éléments offerts par votre intuition ou les circonstances du moment. Relisez régulièrement vos notes le soir.

15. Le message proposé par l'Empereur

"Je m'autorise à avancer sur mon projet. Je vais agir. Je possède tout le potentiel nécessaire pour le faire."

5 Le Pape V

<table>
<tr><td colspan="3">La tiare colorée touche le cadre :
Accueil des messages du Plan Supérieur.</td></tr>
<tr>
<td>Ses deux mains sont gantées :
Il reçoit et transmet les messages du Plan Supérieur sans y mêler ses affects, sa subjectivité.

Sa main droite est plus petite :
Il conseille sans imposer sa volonté.

Sur sa gorge, une broche :
Il mesure ses paroles,
il filtre ses messages.

Son manteau rouge sur le vêtement bleu :
L'énergie de la communication est à l'oeuvre.</td>
<td>
</td>
<td>Sa croix papale :
C'est par sa main gauche qui tient le sceptre qu'il reçoit les messages du Plan Supérieur.

Les piliers sont dévoilés :
La Connaissance est transmise et peut être enseignée.

Son regard est orienté vers le futur :
Il conseille l'action au présent qui permet
de créer le futur.

Les deux personnes à ses genoux sont tonsurées. Leurs cheveux tournent dans des sens opposés :
Ils sont en conflit.
Le Pape est leur médiateur.</td>
</tr>
</table>

Conseil, médiation, transmission, objectifs

Le Pape est un **père**, un **guide spirituel** sincère et charismatique. Il reçoit les **messages inspirés** et les **transmet** objectivement sans les imposer.

Il est le lien entre le Plan Spirituel et les êtres humains auxquels il apporte son expérience avec **bienveillance** et **générosité**. C'est un homme fiable. Il est le père nourricier bienveillant qui invite à l'élévation spirituelle.

Médiateur, il facilite les dialogues, les échanges. Il écoute et conseille. Il encourage ceux qui font appel à son discernement. **Sa sagesse et ses conseils** permettent de progresser dans la réalisation des objectifs personnels.

Cet arcane nous suggère d'écouter avec grande attention les personnes qui ont **une compétence** qui va permettre d'avancer. Il enseigne par ailleurs que nous pouvons aussi transmettre nos savoirs, notre expérience et l'enseigner.

La vie nous offre sans cesse des enseignements de personnes différentes se révélant soudain comme une lumière, dès lors que nous savons les voir et les écouter.

1. Mots clés et symboles / Le Pape

Mot clés : Buts, objectifs, bienveillance, inspiration, sagesse, maturité, amélioration, écoute, conseil, protection, officialisation, mariage, recommandation, aide désintéressée, pardon accordé.

Aspect négatif quand l'arcane se présente renversé : Problèmes de communication, de conciliation. Rigidité du raisonnement, grand sens du devoir ou de l'honneur.

Personne qui peut se révéler manipulatrice, en fonction des cartes qui l'encadrent (Le Diable XV, La Maison Dieu XVI), ou bien qui peut manquer de clarté (la Lune XVIII).

Nombre 5 : L'action, l'ouverture d'esprit, la faculté d'adaptation, la quintessence. Il annonce également une crise positive, une nouveauté, un vrai changement.

2. Profil psychologique / Le Pape

Il montre une maturité intellectuelle et affective. Il est paternel, nourricier et bienveillant. C'est une personne positive, un conseiller, un médiateur, un coach, un orateur, un spécialiste, un expert, un guide spirituel. Il partage volontiers ses connaissances et ses savoirs pour le bien général. Il sait mettre en valeur les potentialités de chacun.

Il aide à dénouer les situations grâce à son regard optimiste et positif. Il encourage tous ceux qui font appel à lui.

3. Âge/Personnages / Le Pape

- Le père, réel ou spirituel. Ou image paternelle.
- Il a l'âge d'être parent ou grand-parent.
- Un père au milieu de ses enfants.
- Un homme marié.
- Une fonction professionnelle.

4. Métiers/Secteurs d'activité / Le Pape

Par analogie, les détails de cette carte indiquent un corps de métier précis.

- Métiers de l'**Enseignement** : Professeurs d'écoles et d'universités.

- Métiers du **Soin** : Psychologue, psychiatre, médecin...
- Métiers de la **Communication** : Accompagnateur de projets, coach, conseiller en insertion, en recrutement, orateur, président d'assemblée…
- Secteur de l'**Église, les cultes, les religions ou du monde spirituel sans être religieux** : Moine, maître spirituel, prêtre, évêque, sage.
- Les fonctionnaires d'**État**, de l'administration publique ou bien le monde politique.

5. Délais/Réponse / Le Pape

Arcane neutre sur les délais de réalisation.
Réponse favorable, indice de sécurité.

6. Planète/Signe / Le Pape

Neptune : La perception globale, le Plan Cosmique, l'inspiration intuitive, la communication avec les mondes invisibles, la foi.
Jupiter : La sociabilité, la maturité, l'expansion sociale, le magnétisme et le charisme.
Capricorne : La loyauté, la bienveillance, le dévouement, la parole tenue, la prévoyance.

7. Lieux / Le Pape

Église, centre spirituel, lieu de culte, bibliothèque, centre culturel, salle de congrès. Centre de formation ou de développement personnel.

8. Professionnel/Activités / Le Pape

Prédiction

- Sécurité.
- Conseils d'une personne experte, avisée et bienveillante.
- Stabilité des projets et engagement durable.
- Développement d'une compétence dans un domaine précis.

Conseils pratiques

Nécessité d'éclaircir votre situation pour comprendre et avancer. Demandez conseil à un spécialiste, un expert, un médiateur, un ami, une personne fiable.

Développez vos compétences et votre spécialisation.

Définissez précisément, affinez vos objectifs avant de lancer cette affaire, que vous soyez seul ou en association avec d'autres.

Dans le binôme d'un partenariat professionnel, voyez lequel des deux a réellement un objectif et lequel ne fait que suivre celui de l'autre. Tenez compte du fait qu'il y a un risque pour que le suiveur se détache de l'objectif commun.

9. Affectif/Familial / Le Pape

Prédiction

- Relation basée sur la fidélité, la confiance. Elle peut durer dans le temps.
- Officialisation possible d'une relation affective.
- Un homme marié. Un père.
- Si Le Pape V est accompagné de la Papesse II, couple harmonieux, solide.
- Si Le Pape V est accompagné de l'Impératrice III, couple aux besoins différents.

Conseils pratiques

Faites confiance, acceptez d'être protégé et guidé.

Prenez conseil auprès d'une personne neutre, médiatrice ou avisée.

Restez ouvert à tout ce qui arrive pour amplifier vos projets.

Ces conseils sont les mêmes à utiliser si vous tirez les cartes pour quelqu'un.

10. Matériel/Financier / Le Pape

Prédiction

- Stabilité.
- Contrat stable, projet positif.
- Transaction sans difficulté.
- Tranquillité financière ou matérielle.
- Aide d'une personne de confiance pour le projet et l'amélioration des revenus.

Conseils pratiques

Faites confiance ou demandez l'avis d'un spécialiste concernant l'affaire en cours. Si cette personne est représentée par l'arcane le Pape, cela signifie qu'elle va vous aider avec clémence et justesse, sans jugement.

Ne jugez pas les gens, conseillez-les.

Définissez vos objectifs financiers et matériels pour l'année en cours. Précisez-en le but.

Ces conseils sont les mêmes à utiliser si vous tirez les cartes pour quelqu'un.

11. Spirituel/Personnel / Le Pape

Prédiction

Une rencontre spirituelle : un maître à penser, un philosophe, un enseignant, une personne inspirée vous guidera avec bienveillance.

Cette personne peut vous proposer un autre chemin à prendre, ou bien vous offrir un enseignement spirituel ou philosophique.

Conseils pratiques

Guidez et conseillez. Le message du Pape est de transmettre pour un échange. Trouvez un enseignement spirituel si le besoin se fait sentir.

Ces conseils sont les mêmes à utiliser si vous tirez les cartes pour quelqu'un.

12. Santé/Bien-être / Le Pape

Prédiction

- Une bonne santé.
- Les parties du corps en relation avec le Pape sont les os et le squelette.
- Les états physiques possibles : la ménopause, l'andropause, la stérilité et les maladies articulaires.

Conseils pratiques

En cas de doute concernant votre santé, prenez rendez-vous avec un médecin.

Cherchez à acquérir un état de bien-être général et agissez pour y arriver.

Ces conseils sont les mêmes à utiliser si vous tirez les cartes pour quelqu'un.

13. Communication de l'arcane avec les autres arcanes

Le Pape est légèrement tourné vers la droite. Il regarde ses interlocuteurs.

Dans un tirage, il est là pour apaiser, rassurer et questionner sur les objectifs à atteindre.

Il vous dit que vous êtes dans "l'ici et le maintenant". Vous êtes à la bonne place.

- **4 Cartes à gauche du Pape :** Dans un tirage à propos de vos buts ou de vos objectifs, elles indiquent ou bien ce que vous avez déjà acquis, ou bien les 4 grandes étapes que vous avez franchies.
- **Carte à droite du Pape :** Elle indique ce que vous pouvez faire.

14. Exercices pratiques d'assimilation

Exercice de réflexion personnelle

Le Pape vous interroge sur vos buts dans divers domaines de votre vie.

- Qu'est-ce que vous aimeriez transmettre de vos compétences et de vos expériences ?
- Précisez avec soin votre objectif actuel.
- Établissez un plan d'action et demandez conseil à l'arcane Le Pape.

Exercice d'assimilation

Sortez l'arcane du jeu, laissez-le en évidence devant vous et consultez-le souvent. Vous pouvez également le poser sur votre table de nuit.

L'important c'est de vous imprégner vraiment de cette carte.

Rappel : N'oubliez pas de noter au fur et à mesure tous les éléments offerts par votre intuition ou les circonstances du moment. Relisez régulièrement vos notes le soir.

15. Le message proposé par Pape

"Je m'autorise à transmettre mes connaissances. Je suis à ma place (ici et maintenant)."

Exercice pratique 5

Commencer par répondre spontanément. Reprendre les chapitres précédents afin de réviser votre acquis et éventuellement de corriger les erreurs.

1. Sandrine est en couple avec Alexis, elle se demande comment Alexis voit sa vie de couple avec elle. Elle tire l'arcane V, le Pape. Décrivez comment Alexis voit leur couple et si cet arcane est de bon augure pour une continuité de la relation dans le temps.

2. Lucas et Marine sont en couple. Le tirage des cartes les représente comme suit : Lucas par l'Empereur IIII et Marine, par la Papesse II. Comment fonctionne leur relation ?

3. Soizic recherche un emploi et vient de passer un entretien de recrutement. Elle se demande comment elle a été perçue pour un poste d'assistante comptable. Elle tire deux cartes : L'Impératrice III et la Papesse II.
   Est-ce que ce profil correspond au poste souhaité ?

4. Jacques veut lancer une nouvelle entreprise. Il se demande s'il en est capable et si cela va bien fonctionner. Il tire le Pape V. Que lui direz-vous ?

5. Étudiante, Tatiana veut étudier une nouvelle matière. Elle se demande si elle doit poursuivre ses études sur place ou bien de changer d'université. A côté de l'Impératrice III qui la représente, elle tire le Mat et l'Empereur IIII. Que lui prédisez-vous ?

6. Sacha est en couple avec Juliette. Tirage pour voir comment va ce couple : les cartes qui représentent Sacha sont l'Empereur IIII et Le Mat. Les cartes qui représentent Juliette sont l'Impératrice III et la Papesse II.
   Selon vos observations, dites ce que chacun privilégie dans sa vie. Quels sont les souhaits de chacun ?

7. Julie a des soucis financiers. Elle se demande pourquoi. Elle tire les arcanes suivants : Bateleur I et Le Mat. Qu'en dites-vous ? Si elle demande conseil et que vous tirez le Pape V, que lui conseillez-vous ?

8. Ludovic change d'entreprise. Il souhaite savoir s'il va occuper un poste de cadre dans la nouvelle entreprise. Il tire Le Bateleur I. Qu'en pensez-vous ? Quel type de poste lui sera proposé ?

9. Sandra demande si elle va obtenir un poste à durée indéterminée ou un contrat de courte durée. Elle sort le Bateleur I. Que lui répondez-vous ?

10. Isabelle est en couple avec Hugo depuis quelques années, mais ils ne vivent pas sous le même toit. Elle demande si Hugo s'intéresse toujours à elle.

11. Dans l'ordre du tirage, l'Impératrice III est placée à droite de l'Empereur IIII. Que lui diriez-vous ?

Correction de l'exercice 4

Si vous n'avez pas fait cet exercice, vous pouvez encore le réaliser, retrouvez-le dans votre cours précédent.

Il s'agit ici, comme en consultation directe de répondre à la question et uniquement à la question posée, c'est la meilleure façon de se montrer précis. Les réponses données sont courtes. Vous référer aux domaines questionnés (professionnel, matériel, affectif etc.) pour approfondir vos tirages.

1. **Un chef d'entreprise souhaite recruter une comptable, quel arcane décrit le mieux cette profession ?**
   La Papesse II.

2. **Un enfant est confié à une baby-sitter, vous voulez connaître le profil psychologique de la personne concernée. Vous tirez une carte. L'arcane sorti est Le Bateleur I. Décrivez donc le profil de cette baby-sitter.**
   Profil du Bateleur, dans votre guide : Vivacité, jeunesse d'esprit, impulsivité, créativité, polyvalence, privilège de l'instant présent. Il est tellement créatif et passionné qu'il adore démarrer un projet et, ce projet à peine démarré, il est déjà stimulé par un autre.
   Cela permet de décrire la Baby-sitter : créative, jeune d'esprit, elle va amuser les enfants, elle va jouer autant qu'eux. Il va falloir vérifier qu'elle sait aussi les surveiller et les protéger.

3. **Une femme vient de rencontrer un homme, elle demande si la relation va durer. Vous tirez une carte. L'arcane c'est le Bateleur. Que lui répondez-vous ?**

   Le Bateleur I montre simplement un démarrage, mais il n'indique pas qu'une relation va durer. Cependant, tout peut arriver dès lors que la relation démarre. On en est aux premiers pas d'une relation qui se construit.

4. **Pierre vient de rencontrer Cécile. Pour Pierre l'arcane est celui du Mat et Cécile est représentée par l'arcane de la Papesse II. Quelles sont les qualités de chacun d'eux pour qu'ils parviennent à vivre en harmonie ?**

   Reprenez ces deux profils psychologiques dans votre livre et les notes de votre cahier.

   Que pouvez-vous dire de ce couple ?

   Pierre n'aime pas les contraintes. Cécile aime bien sa vie à la maison entourée des siens.

   Comment peuvent-ils s'entendre selon ces arcanes ?

   Prendre du temps ensemble. Accepter également les fonctionnements de l'autre.

   Quelles sont les qualités de chacun d'eux pour qu'ils parviennent à vivre en harmonie ?

   Leur capacité à comprendre leurs différences et leurs besoins respectifs. Leur potentialité pour trouver une façon de fonctionner en couple.

5. **Votre consultant cherche à évoluer professionnellement. Il tire deux cartes : le Bateleur I et la Papesse II. Que lui prédisez-vous ?**

   Il va commencer (I) une formation (II), ou bien il va faire le point sur ses compétences et ses acquis.

6. **Paul crée son entreprise. Il veut démarrer rapidement. Il tire deux cartes : Le Mat et la Papesse II. Que pouvez-vous lui suggérer ?**
   Le Mat c'est l'envie d'un nouveau départ, de nouveaux horizons. La Papesse c'est la gestation, la préparation des projets, l'attente et la préparation.
   Il va donc pouvoir s'atteler à son projet. Mais il ne va pas pouvoir démarrer rapidement. Il doit attendre pour mieux sécuriser ses bases. Il devrait étudier plus attentivement son installation et calmer son impatience pour temporiser.

7. **Alicia veut travailler comme thérapeute. Elle demande si elle en a le profil. Elle tire la Papesse II. A la lumière de ce tirage, qu'avez-vous envie de lui dire sur son choix professionnel ?**
   La Papesse indique les métiers du Soin. Relisez l'extrait dans votre livre à propos **des métiers de la Papesse** : Métiers du **Soin et du Conseil** : psychologue, psychiatre, accompagnateur de projets ou coach, médecin...
   Donc Alicia a trouvé sa voie.

8. **Louis cherche à évoluer professionnellement. Il tire deux cartes : le Bateleur I et la Papesse II. Quel conseil pouvez-vous lui donner ?**
   Il va devoir évaluer son niveau de connaissances (arcane II) pour mieux analyser la situation et ensuite réaliser son projet d'évolution (arcane I). Pour ce faire, il doit d'abord faire le point sur lui-même (arcane II) avant de trouver vers quoi il peut se diriger (arcane I).

6 L'Amoureux VI

<table>
<tr><td colspan="3">La flèche de Cupidon vise les amoureux à droite :
Choix de l'amour et de la passion.</td></tr>
<tr>
<td>A leurs pieds,
la terre est labourée :
Nos choix faits par passion sont créateurs, fertiles et riches.

La femme de gauche pousse l'Amoureux vers la femme de droite :
Elle l'invite à choisir selon son cœur.

Les pieds de l'Amoureux sont à l'équerre :
2 directions opposées,
un pied sur "MOU"
et l'autre sur "EUX" :
S'il tergiverse, il reste dans l'indécision.
S'il avance, il se projette dans le couple.</td>
<td>
</td>
<td>Cupidon est auréolé par des rayons jaunes et rouges :
Aimer est un symbole de vie, de force et de fertilité.

La jeune femme de droite touche le cœur de l'Amoureux de sa main gauche :
Toujours choisir ce qui tient vraiment à cœur.

L'Amoureux écoute la femme à gauche, mais son torse est tourné vers la femme de droite :
La raison a ses arguments, mais le cœur et le corps savent se diriger sans elle.</td>
</tr>
</table>

Aimer, décider, choisir avec le coeur

L'Amoureux au milieu, regarde la femme à sa droite et semble l'écouter. Cette femme est plus âgée que lui, elle peut représenter sa mère qui l'engage à aller vers la jeune femme. Il a le pied dirigé vers la jeune femme qui a posé la main sur son cœur. Son corps et son cœur l'ont déjà élue.

Cet arcane indique **un choix à faire**, le jeune homme doit quitter sa mère pour aller vers une autre femme et vivre sa vie. Dans de nombreuses situations, il est nécessaire de **quitter le connu pour oser l'inconnu.** Des choix s'imposent pour **avancer** et **progresser.**

Cupidon avec son arc vise les amoureux. Il invite à agir selon le cœur, même si la raison est en doute profond. C'est un choix pour reconnaître **ce que l'on aime et qui l'on aime**. Plutôt que de suivre un choix raisonné, laisser résonner son coeur.

La passion est toujours créatrice.

La prise de décision peut prendre du temps, entre cœur et raison. C'est ce temps d'hésitation qui est la signification de cet arcane.

1. Mots clés et symboles / L'Amoureux

Mot clés : Choix à faire, union, séduction, Cupidon, vie sociale, adolescence, nouvelle union, thérapies, traitements. Les choses ou objets en double (deux revenus, double succès ou échec, deux activités, deux propositions...) une triangulaire amoureuse : couple avec amant ou amante.

Aspect négatif quand l'arcane se présente renversé : Indécision, hésitation, tergiversation, inconstance, batifolage, incertitude, blocages par indécision, difficultés relationnelles, risque d'immobilisme ou d'erreur de choix sous la pression de l'environnement. Blocages en cas de mauvais choix.

Nombre 6 : Harmonie du masculin et du féminin, il peut aussi être à la fois union, opposition, épreuve, choc, oppression, luttes et difficultés.

2. Profil psychologique / L'Amoureux

- Une personne indécise, un amoureux, des amoureux, de nouvelles relations, des amis.
- Une personne émotive, sensible, émotionnelle, mais également douce, gentille, élégante, belle, ayant le sens du service et de la paix.
- La personne qui est représentée par l'Amoureux peut laisser les autres choisir à sa place, il (ou elle) dit : « Fais comme tu veux ! »

3. Âge/Personnages / L'Amoureux

- Un jeune couple, des adolescents, la mère et le fils.
- Un partenaire, un séducteur ou une séductrice.
- Une relation à trois, un trio d'amis.
- Un groupe de jeunes.

4. Métiers/Secteur d'activités / L'Amoureux

Par analogie, les détails de cette carte indiquent un corps de métier précis.

- Métiers en relation avec le **Bien-être :** Les soins, les massages, les traitements, les pharmacies.

- Métiers d'**Animation** pour le jeune public et les adolescents.
- Métiers en relation avec l'**Art et l'Esthétique.**
-

5. Délais/Réponse / L'Amoureux

Lame lente : Délai long en raison de l'indécision.
Réponse : Hésitation. Écouter son coeur avant de choisir.

6. Planète/Signe / L'Amoureux

Vénus : La séduction, l'attraction, la subjectivité, l'affectivité, l'amour.
Gémeaux : La communication, l'adaptabilité, la sociabilité, la versatilité, la curiosité.
Sagittaire : Le matérialisme, la spiritualité, l'optimisme, la spontanéité.

7. Lieux / L'Amoureux

Les galeries d'Art, d'exposition, les pharmacies, les hôpitaux, la Terre et les domaines agricoles, la chambre, les alcôves, les lieux fréquentés par les jeunes.

8. Professionnel/Activités / L'Amoureux

Prédiction

- Choix professionnels à faire.
- Contrats de travail mal définis.
- Contrats de travail à temps partiel.
- Missions intérimaires ou job d'été.
- Deux activités à temps partiel ou mi-temps dans deux entreprises ou deux services de l'entreprise.

- En cas de temps partiel, possibilité de compléter les revenus avec une seconde activité salariée, ou à votre propre compte.
- Activité que vous allez aimer.
- Réunion professionnelle.

Conseils pratiques

Vous allez devoir prendre une décision fondée sur vos souhaits professionnels tout en tenant compte de ce que vous aimez vraiment faire.

Si vous êtes déjà à temps partiel, vous pourrez compléter vos revenus.

Trouvez un autre emploi partiel ou mieux encore, développez en parallèle une activité qui vous plaît.

Ces conseils sont les mêmes à utiliser si vous tirez les cartes pour quelqu'un.

9. Affectif/Familial / L'Amoureux

Prédiction

- Un nouvel amour arrive.
- Joie, bonheur.
- Si la personne que vous aimez est représentée par cette carte, cela veut dire qu'elle doute et qu'il ne faut surtout pas la brusquer. Il sera préférable de lui parler de la sincérité de vos sentiments.
- La personne que vous aimez doit faire un choix.
- La personne rencontrée est encore attachée à une relation passée.

Conseils pratiques

Prenez l'initiative pour renforcer le lien.

Faites le point sur ceci :

- Comment vous sentez-vous dans votre vie affective ?
- Vous laissez-vous déborder par vos émotions ?
- Quelle place donnez-vous à l'amour dans votre vie ?

Ces conseils sont les mêmes à utiliser si vous tirez les cartes pour quelqu'un.

10. Matériel/Financier / L'Amoureux

Prédiction

- Si cette carte représente la personne à laquelle vous faites une demande matérielle, vous n'aurez pas gain de cause car cette personne tergiverse, hésite et ne saura pas se décider. Adressez-vous à une autre personne.
- Vous bénéficierez de deux sources de revenus.
- Deux options professionnelles se présentent à vous.

Conseils pratiques

Faites appel à une personne qui sera la plus compétente pour vous aider à prendre les décisions dans l'affaire qui vous concerne.

Ces conseils sont les mêmes à utiliser si vous tirez les cartes pour quelqu'un.

11. Spirituel/Personnel / L'Amoureux

Prédiction

- Belle rencontre de cœur, âme soeur…

Conseils pratiques

Réfléchissez à votre place dans votre famille.
- Comment vivez-vous les relations avec votre famille ?
- Quelle place vous a été attribuée ?
- Quelle place vous autorisez-vous à prendre ?

Méditez sur le thème de la communion avec l'Univers et les éléments de la Nature. Manifestez de la joie.

Ces conseils sont les mêmes à utiliser si vous tirez les cartes pour quelqu'un.

12. Santé/Bien-être / L'Amoureux

Prédiction

- Traitements, soins, médicaments, fragilités de l'appareil génital.
- Nouveaux traitements et ordonnances.
- Surveillance des organes en double dans le corps.
- Surveillance de la respiration (asthme), de la sphère ORL.

Conseils pratiques

Ne stoppez pas vous-même un traitement donné par votre médecin. Prenez rendez-vous avec lui pour en parler. N'hésitez pas à consulter.

Ces conseils sont les mêmes à utiliser si vous tirez les cartes pour quelqu'un.

13. Communication de l'arcane avec les autres arcanes

L'Amoureux écoute avec sa raison la femme de gauche et écoute avec son cœur la femme de droite.

Dans un tirage, il regarde la carte précédente. Il nous indique que la carte qui suit sera mieux en relation avec notre passion réelle.

- **Carte à gauche de l'Amoureux :** La raison, les contraintes et les préjugés.
- **Carte à droite de l'Amoureux :** Le choix du cœur.

14. Exercices pratiques d'assimilation

Exercice de réflexion personnelle

L'Amoureux vous indique de suivre votre passion ou vos passions. Il est temps de vous reconnecter à ce que vous aimez.

- Aimez-vous vraiment votre métier, vos activités ?
- Laissez-vous les autres choisir à votre place ?
- Pouvez-vous décider d'aimer ce que vous faites, de passer de la lutte à l'apaisement ?

Si vous n'aimez pas votre activité professionnelle, réalisez que votre salaire vous permet de vivre d'autres choses passionnantes et agréables que vous ne pourriez pas accomplir sans lui.

Exercice d'assimilation

Sortez l'arcane du jeu, laissez-le en évidence devant vous et consultez-le souvent. Vous pouvez également le poser sur votre table de nuit. L'important c'est de vous imprégner vraiment de cette carte.

Rappel : N'oubliez pas de noter au fur et à mesure tous les éléments offerts par votre intuition ou les circonstances du moment. Relisez régulièrement vos notes le soir.

15. Le message proposé par l'Amoureux

"Je m'autorise à choisir ce qui me nourrit positivement."

7 Le chariot VII

<table>
<tr><td colspan="3">Le dais du chariot sort de la carte en haut, à gauche et à droite : Le personnage s'appuie sur les forces et les connaissances des arcanes précédents, pour créer son présent et construire son futur.</td></tr>
<tr>
<td>Le large rebord du chariot
partage la carte
en son milieu :
Il rappelle la table du Bateleur I qui le support d'un potentiel.
Ici, celui-ci est pleinement exprimé et réalisé.

La base du chariot est couleur chair :
Maîtrise de soi, le Chariot n'est plus soumis aux forces extérieures
et aux tiraillements
de l'Amoureux VI.

Les chevaux
regardent dans le même sens :
Buts communs.</td>
<td>
</td>
<td>Sur les épaules du personnage reposent la Lune et le Soleil :
Équilibre des forces masculines et féminines.
Yin et yang.
Équilibre des polarités intérieures.

Pas de rênes :
L'esprit domine la matière.
Contrôle des instincts,
toutefois sans les dominer,
ni les ignorer.

Les roues du chariot ne vont pas dans le sens de la marche :
Le chariot n'a plus besoin d'avancer.
Stade de la réalisation.</td>
</tr>
</table>

Victoire, déplacement, travail, véhicule

L'arcane du Chariot indique l'**action, la victoire, la réussite**, sur soi et à l'extérieur. Posé, il est relié au monde. Il est mouvement, **aisance,** force. Le personnage indique les entreprises menées avec succès, un contrôle des instincts avec discernement. Il symbolise **l'équilibre des forces**. La **maîtrise de soi**. Le Chariot n'est plus soumis aux forces et influences extérieures, comme suivre les opinions d'autrui. Il rayonne.

Il est en accord avec ce qu'il pense, ce qu'il veut et qui il est. La confiance en ses possibilités le prédispose à la réussite et au bien-être intérieur.

C'est un leader qui détient un fort ascendant. Il est jeune, il a le sens de l'initiative, il sait **improviser, innover** et réalise ses buts avec **assurance, volonté et détermination.**

Il se révèle un conquérant actif et viril. Il peut désigner **l'amant.**

1. Mots clés symboles / Le Chariot

Mot clés : Avoir sa place, se sentir au bon endroit, réussite, aisance, mutation par dépassement de soi, force, succès, victoire, messager, conquérant, amant, guerrier, voyage, véhicules et tout ce qui roule, ordinateur et téléviseur, outils de communication, voyages, compétences, supériorité, sociabilité, conquête

Aspect négatif quand l'arcane se présente renversé : Des conflits peuvent résulter de mauvais choix du passé ou par une crainte de ne pas être à la bonne place. Il peut avoir tellement d'assurance et de sens de la conquête, qu'il peut se montrer dominateur et carriériste. Il peut devenir vorace et faire preuve d'un ego surdimensionné.

Nombre 7 : 4 + 3 = 7, il est le fils de l'Impératrice III (Esprit) et de l'Empereur IIII (Matière). Introspection, perfectionnisme, nombre sacré, repos, méditation, études, spiritualité. Jour de repos après l'achèvement du monde (Genèse). Triomphe. Il est aussi une opportunité, une victoire, un point critique, une action intelligente.

2. Profil psychologique / Le Chariot

Le Chariot est jeune d'esprit et vif. Il caractérise une personne active. Une personne confiante, équilibrée, capable d'évoluer dans divers milieux et de mener des projets à terme. Un amant à la sexualité prépondérante, un conquérant.

3. Âge/Personnages / Le Chariot

- L'adulte en activité.
- Le cadre dynamique, l'entrepreneur, la personne qui gère ses activités avec énergie et aisance.
- L'amant.
- Pour une question concernant un cheval, choisir cette carte pour le représenter.

4. Métiers/Secteurs d'activités / Le Chariot

Par analogie, les détails de cette carte indiquent un corps de métier précis.

- Métiers de l'**Automobile** (voitures ou poids lourds) : Transport, fabrication, réparation.
- Métiers du **Voyage** : Organismes de vacances, voyagistes.
- L'élevage d'**animaux** de bonne taille : Équidés, bovidés (Chevaux, bœufs etc.)
- Les écuries, les courses, le milieu du cheval.

5. Délais/Réponse / Le Chariot

Lame rapide.
Réponse favorable.

6. Planète/Signe / Le Chariot

Jupiter : L'intégration sociale, la coopération mutuelle, le magnétisme, le charisme, l'autosatisfaction.
Mars : L'action concrète, l'esprit d'entreprise, la confrontation, l'instinct de perpétuation, l'énergie.
Sagittaire : Le développement personnel, la polyvalence, l'indépendance, le goût des voyages.

7. Lieux / Le Chariot

Les transports, les garages, les champs de course, les lieux de sport, les centres d'équitation, l'aéroport, les agences de voyage ou de tourisme, les lieux de travail, les entreprises.

8. Professionnel/Activités / Le Chariot

Prédiction

- Réussite du projet en cours.
- Possibilité de diriger une équipe.
- Proposition d'une activité qui offrira davantage d'indépendance.
- Déplacement professionnel.
- Nouvelle activité qui permettra un réel épanouissement.

Conseils pratiques

Profitez de ce succès pour créer d'autres projets. Savourez votre réussite et offrez-vous du repos, des vacances.

Ces conseils sont les mêmes à utiliser si vous tirez les cartes pour quelqu'un.

9. Affectif/Familial / Le Chariot

Prédiction

- Un amant fougueux, une belle relation de couple.
- Une nouvelle relation passionnée et riche en émotions et en sentiments.

Conseils pratiques

Profitez de ces instants de bonheur, sur le plan affectif, physique ou (et) sexuel.

Ces conseils sont les mêmes à utiliser si vous tirez les cartes pour quelqu'un.

10. Matériel/Financier / Le Chariot

Prédiction

- Réussite matérielle très favorable et durable, tout en demeurant vigilant.
- Proposition de travail.
- Véhicule à acheter ou réparations à effectuer.

Conseils pratiques

Mettez tout en oeuvre pour réaliser des placements financiers intéressants. Soyez tenace dans vos démarches. Avancez avec l'énergie et l'aisance du Chariot pour bonifier votre communication et votre gestion du matériel.

11. Spirituel/Personnel / Le Chariot

Prédiction

- Une nouvelle énergie se met en place.
- Une situation va permettre de dépasser les doutes et les peurs.
- Bonne connaissance de la mission à accomplir.
- Bon positionnement dans "l'ici et le maintenant".

Conseils pratiques

Découvrez que les échecs se révèlent être des nouveaux points de départ. Les difficultés ouvrent à de nouvelles opportunités. Acceptez d'être à chaque instant au bon endroit.

Agissez ! même si vous n'avez qu'une seule bonne raison de continuer.

Ces conseils sont les mêmes à utiliser si vous tirez les cartes pour quelqu'un.

12. Santé/Bien-être / Le Chariot

Prédiction

- Remise en forme.
- Santé retrouvée après la maladie.
- Traitements réussis ou adaptés.
- Soucis avec des véhicules, selon les lames qui l'entourent (Diable XV : des dépenses à faire, Maison Dieu XVI : panne ou véhicule accidenté, Lune XVIII : problèmes de fluides dans le véhicule.)
- Fragilités physiques : circulation, motricité ou muscles.

Conseils pratiques

Pensez sérieusement à vous reposer.
Ces conseils sont les mêmes à utiliser si vous tirez les cartes pour quelqu'un.

13. Communication de l'arcane avec les autres arcanes

Dans un tirage, le personnage du Chariot et ses chevaux nous regardent et tournent légèrement la tête vers la gauche.

- **Carte à gauche du Chariot :** La carte précédente indique ce qui est en train de réussir ou qui va réussir.
- **Carte à droite du Chariot :** L'avancée des autres projets.

14. Exercices pratiques d'assimilation

Exercice de réflexion personnelle

Le Chariot affirme que nous sommes au bon endroit, où que nous soyons sur terre et quoi que nous fassions.

- Dans quel domaine est-ce que je me sens le mieux ?
- Prise de conscience de ma place et de la façon dont je peux agir dans le monde ici et maintenant ?
- Est-ce que je sais savourer mes victoires ?
- Noter toutes mes réalisations depuis mon enfance. Je m'auto-félicite pour celles-ci.
- Je me donne aujourd'hui le moyen de réussir mon projet et je pose une action précise et le délai nécessaire pour la réaliser.

Exercice d'assimilation

Sortez l'arcane du jeu, laissez-le en évidence devant vous et consultez-le souvent. Vous pouvez également le poser sur votre table de nuit.

L'important c'est de vous imprégner vraiment de cette carte.

Rappel : N'oubliez pas de noter au fur et à mesure tous les éléments offerts par votre intuition ou les circonstances du moment. Relisez régulièrement vos notes le soir.

15. Le message proposé par le Chariot

"Inutile de me battre contre tout. Je suis à ma juste place à chaque instant. Et j'agis dans le monde."

8 La Justice VIII

<table>
<tr><td colspan="3">La couronne touche le haut de la carte :
Cette carte représente le lien de la justice du Plan Supérieur et celle des Hommes.</td></tr>
<tr>
<td>Elle regarde droit dans les yeux :
Elle s'adresse à la conscience personnelle.

Les plateaux de sa balance ne sont pas au même niveau.
De même les deux piliers ne sont pas à la même hauteur.
Son coude gauche et son genou droit touchent la balance :
L'équilibre n'est pas synonyme de symétrie.
Un certain déséquilibre peut être justifié.</td>
<td>
</td>
<td>Le cercle au centre de sa coiffe couronnée :
Il symbolise le troisième œil, la conscience supérieure.
Il invite à gérer les conflits avec objectivité et intuition.

Sa main gauche estau niveau du cœur :
Elle est foncièrement humaine.

Son épée :
Elle tranche, elle décide.</td>
</tr>
</table>

Équilibre, contrat, administration, justice, ordre

La Justice est bienveillante. Elle conseille **d'être juste avec nous-même comme avec autrui.** Il s'agit de peser le pour et le contre avec objectivité et intuition, pour décider et trancher avec équité. La vie est nuances : couleurs franches, mais aussi demi teintes.

Elle est **l'équilibre, mais pas la rigidité**. Elle exige de la souplesse.

Chaque action génère des conséquences. En bien comme en mal, chacun est responsable et **héritier de ses actes.**

Elle représente **l'ordre, la méthode, l'organisation.** Elle propose de faire le tri, à la fois dans les schémas de vie : les principes et les croyances. Cela concerne également le superflu dans la vie quotidienne.

Elle suggère de remettre de l'harmonie dans la vie et dans les relations.

Au niveau affectif, elle rassure. Elle est gage de **fidélité et de constance**.

Elle s'attache également à la gestion des dossiers administratifs et judiciaires.

1. Mots clés symboles / La Justice

Mot clés : Honnêteté, impartialité, documents administratifs, justice, avocat, juge, notaire, contrats (y compris de travail), signatures officielles, compromis. Les lois de la société. Le travail ou l'activité professionnelle. Fidélité des sentiments, officialisation des relations amoureuses, constance.

Aspect négatif quand l'arcane se présente renversé : Dureté de jugement, mentalisation, sècheresse du raisonnement, cynisme, abus de pouvoir, absolutisme, condamnation, perfectionnisme, rigidité castratrice.

Nombre 8 : Perfection dans le ciel et sur la terre. Karma, dans le sens immédiat action/réaction. Accomplissement, ordre. Infini de l'éternité.

2. Profil psychologique / La Justice

Rigueur, vivacité intellectuelle, droiture, médiation, respect des opinions divergentes. Exigence personnelle. Sérieux. Impartialité.

Parfois, il souligne un excès de perfectionnisme qui rend rigide et critique, bonne excuse pour procrastiner (toujours remettre à plus tard).

3. Âge/Personnages / La Justice

- Personnage adulte.
- Représentant de la Loi.
- Grandes compétences intellectuelles.

4. Métiers/Secteurs d'activités / La Justice

Par analogie, les détails de cette carte indiquent un corps de métier précis.

- Métiers dans l'**Administration.**
- Études après le Bac.
- Métiers de la **Justice** : Avocat, juge, fonctionnaire, diplomate, huissier, notaire, employé d'État ou de Ministère.

5. Délais/Réponse / La Justice

Arcane neutre sur les délais de réalisation.
Réponse officielle.

6. Planète/signe / La Justice

Saturne : La pose des limites, le respect de la rigueur, la sagesse de l'âge, la discipline, les remises en question.
Balance : L'harmonie, l'opposition, la dualité, l'intelligence et l'analyse profonde, le consensus.

7. Lieux / La Justice

Tribunaux, grandes administrations, consulats, établissements publics, Chambre des Députés. Galeries d'Art, grands lieux de réception.

8. Professionnel/Activités / La Justice

Prédiction

- Contrat de travail ou signature d'un document professionnel.
- Selon les cartes voisines : Hermite, VIIII : contrôle de Gendarmerie. Maison Dieu XVI : contravention.

Conseils pratiques

Vérifiez que vous êtes en règle avec la loi. Adressez-vous à un organisme privé ou d'État pour les papiers en cours. Prenez l'avis d'un spécialiste, d'un avocat d'affaire ou d'un homme de loi, si nécessaire. Renseignez-vous sur les statuts de votre activité pour l'officialiser.

9. Affectif/Familial / La Justice

Prédiction

- Vie affective équilibrée.
- Personne franche et sincère.
- Personnes ayant le sens de l'engagement et des responsabilités. Pour en savoir plus, poser une autre carte.

Conseils pratiques

Soyez honnête et sincère avec la personne en cause. Ces conseils sont les mêmes à utiliser si vous tirez les cartes pour quelqu'un.

10. Matériel/Financier / La Justice

Prédiction

- Formalités administratives et financières, documents à remplir.
- Affaire en cours avec un homme de Loi : avocat, notaire, juge, organisme d'État.

Conseils pratiques

Équilibrez votre budget. Relisez attentivement vos contrats professionnels et/ou vos contrats de partenariat.

Ces conseils sont les mêmes à utiliser si vous tirez les cartes pour quelqu'un.

11. Spirituel/Personnel / La Justice

Prédiction et conseil

Êtes-vous bien en accord avec vous-même jusque dans votre vie quotidienne ? Est-ce que ce que vous vivez actuellement vous semble juste ?

Ces conseils sont les mêmes à utiliser si vous tirez les cartes pour quelqu'un.

12. Santé/Bien-être / La Justice

Prédiction

- Possibles dysfonctionnements au niveau des organes doubles : les reins, les ovaires, les testicules, les poumons, les yeux, les oreilles.

Conseils pratiques

Surveillez l'équilibre de votre métabolisme. Ne suivez pas de régime trop strict. Pour votre alimentation agissez avec modération et équilibre.

Mettez de l'ordre dans votre lieu de vie et dans votre bureau. Triez, classez, arrangez, donnez, vendez ou jetez si besoin.

Ces conseils sont les mêmes à utiliser si vous tirez les cartes pour quelqu'un.

13. Communication de l'arcane avec les autres arcanes

La Justice est la seule carte qui **nous regarde droit dans les yeux.** Elle s'adresse à nous. Dans un tirage, les 2 cartes qui l'entourent peuvent indiquer ce qui est en balance.

- **Carte à gauche de la Justice :** Dans le plateau de gauche : ce que nous déposons
- **Carte à droite de la Justice :** Dans le plateau de droite : ce que nous allons obtenir.

14. Exercices pratiques d'assimilation

Exercice de réflexion personnelle

Pour être plus juste avec soi-même, bien regarder son comportement :

- Est-ce que j'évite de reconnaître un problème particulier (de relation, de choix ...) ?
- Est-ce que je me sens bien dans ce que j'accomplis ?
- Est-ce que je trouve toujours mon compte dans mes activités ?
- Dans quel domaine devrais-je mettre de l'ordre ?
- Est-ce que je suis trop généreux en m'oubliant moi-même ?

Exercice d'assimilation

Sortez l'arcane du jeu, laissez-le en évidence devant vous et consultez-le souvent. Vous pouvez également le poser sur votre table de nuit. L'important c'est de vous imprégner vraiment de cette carte.

Rappel : N'oubliez pas de noter au fur et à mesure tous les éléments offerts par votre intuition ou les circonstances du moment. Relisez régulièrement vos notes le soir.

15. Le message proposé par la Justice

"Le bien que je fais aux autres, j'y ai droit aussi. J'accepte de recevoir."

Exercice pratique 6

Commencez par répondre intuitivement, votre intuition va se mêler à vos connaissances acquises, ensuite utilisez vos supports de cours pour répondre, cela vous permet de réviser et de corriger, si besoin est, ce que vous avez répondu.

1 - Jean a eu un entretien. Il demande si on va l'embaucher. Il tire la Justice VIII et Le Chariot VII. Que lui prédisez-vous ?

2 - Salomé et Sacha sont en couple. Le Chariot VII est positionné entre les deux cartes qui les représentent (Impératrice III et Empereur IIII). Qu'est-ce qui les relie ?

3 - Lily et Sébastien ont 27 ans. Les cartes qui les représentent sont la Papesse II et le Pape V. Que diriez-vous de ce couple ?

4 - Célia demande si elle va trouver un travail. Elle tire l'Amoureux VI et la Justice VII. Quel type de contrat va-t-elle trouver ?

5 - Amélie veut faire des études de Droit. Elle demande si c'est la bonne voie pour elle. Elle tire la Papesse II et la Justice VIII. Que lui indiquent ces arcanes ?

6 - Tom a repéré une voiture d'occasion et il souhaite l'acheter. Il tire les cartes : Amoureux VI, Chariot VII, Bateleur I. Que pouvez-vous lui dire au sujet de son choix ? Quels autres arcanes du Tarot pourraient indiquer qu'il va faire une bonne affaire ?

7 - Adrien va signer un contrat. Il se demande si la signature se fera rapidement ou non. Il tire le Bateleur I. Que lui dites-vous ?

8 - Vous aimeriez connaître le caractère ou la personnalité d'un ami. Vous tirez 3 cartes : Empereur IIII, Papesse II et Justice VIII. Décrivez cet ami.

Correction de l'exercice pratique 5

Il s'agit ici, comme en consultation directe de répondre à la question et uniquement à la question posée, c'est la meilleure façon de se montrer précis. Les réponses données sont courtes. Vous référer aux domaines questionnés (professionnel, matériel, affectif etc.) pour approfondir vos tirages.

1 - **Sandrine est en couple avec Alexis, elle se demande comment Alexis voit sa vie de couple avec elle. Elle tire l'arcane V, le Pape. Décrivez le point de vue d'Alexis et si cet arcane est de bon augure pour une continuité de leur relation dans le temps.**

En suivant dans ce livre les indications au sujet du Pape V pour répondre : Affectif/Familial / Le Pape : Prédit Une relation basée sur la fidélité, la confiance, une relation qui peut durer dans le temps.

2 - **Lucas et Marine sont en couple. Le tirage des cartes les représente comme suit : Lucas par l'Empereur IIII et Marine, par la Papesse II. Comment fonctionne leur relation ?**
Relisez les profils psychologiques de chacun.

Profil psychologique / L'Empereur : On peut compter sur lui sur le plan matériel : les transactions, les biens, les actions, les décisions, l'organisation. Il est l'homme de la situation. Il sait bien profiter de la vie et il sait en jouir. Il aime autant les bonnes sorties que les bons petits plats. Attention aux risques d'embonpoint.

Profil psychologique / La Papesse : Sagesse, discrétion, fidélité, respect, sincérité, douceur, elle est fiable. Elle sera maternelle sans excès car elle reste juste et sans complaisance.
Elle est prudente, mais si elle l'est trop, elle devient passive. De même, elle risque de tout attendre des autres.
Vous avez la réponse dans le descriptif. Ils sont complémentaires : l'un protège l'autre et l'autre est attentionnée. Possible décalage dans les besoins sensuels respectifs. L'Empereur est souvent plus en attente.

3 - **Soizic vient de passer un entretien d'embauche. Elle se demande comment elle a été perçue pour un poste d'assistante comptable. Elle tire deux cartes : L'Impératrice III et la Papesse II.**

Professionnel/Activités / L'Impératrice : Prédit :
Projets clairs et bien posés.
Excellente communication.
Capacité à savoir présenter ses projets et convaincre.
Métiers/Secteurs d'activité / La Papesse :
Métiers en relation avec des cahiers de comptes, les bilans financiers, la comptabilité, le secteur administratif de l'entreprise, le chef du personnel.
Pensez-vous que son profil corresponde au poste souhaité ?
Oui. La réponse positive est qu'elle a été appréciée et que son profil "Papesse" est en bonne adéquation avec le poste proposé.

4 - **Jacques veut lancer une nouvelle entreprise. Il se demande s'il en est capable et si cela va bien fonctionner. Il tire le Pape V.**

Conseils pratiques/Le Pape :

Nécessité d'éclaircir votre situation pour comprendre et avancer. Demandez conseil à un spécialiste, un expert, un médiateur, un ami, une personne fiable. Développez vos compétences et votre spécialisation.

Définissez précisément, affinez vos objectifs avant de lancer cette affaire, que vous soyez seul ou en association avec d'autres.

Que lui direz-vous ?

Conseillez-lui de prendre conseil avec un spécialiste dans le type d'entreprise qui l'intéresse.

5 - **Étudiante, Tatiana veut étudier une nouvelle matière. Elle se demande si elle doit poursuivre ses études sur place ou bien de changer d'université. A côté de l'Impératrice III qui la représente, elle tire le Mat et l'Empereur IIII. Que lui prédisez-vous ?**

Les cartes suivantes : Le Mat indique une nouvelle direction, un chemin, un mouvement physique, qui conduit à l'Empereur IIII, un passage à l'action. Elle va changer d'université.

6 - **Sacha est en couple avec Juliette. Tirage pour voir comment va ce couple : les cartes qui représentent Sacha sont l'Empereur IIII et Le Mat. Les cartes qui représentent Juliette sont l'Impératrice III et la Papesse II. Selon vos observations, dites ce que chacun privilégie dans sa vie ? Quels sont les souhaits de chacun ?**

Les deux cartes Empereur IIII et Impératrice III, sont sur la même longueur d'onde.

Elles sont complémentaires. L'Impératrice III associée à la Papesse II, montre un souhait de vie de famille. L'Empereur IIII est attaché à sa liberté (Le Mat).

7 - Julie a des soucis financiers. Elle se demande pourquoi. Elle tire les arcanes suivants : Bateleur I et Le Mat. Qu'en dites-vous ?
Elle dilapide son argent sans tenir compte de son budget.
Si elle demande conseil et que vous tirez le Pape V, que lui conseillez-vous ?

Elle peut apprendre à tenir ses comptes. Elle peut rencontrer son banquier pour être conseillée.

8 - **Ludovic change d'entreprise. Il souhaite savoir s'il va occuper un poste de cadre dans la nouvelle entreprise. Il tire Le Bateleur I. Qu'en pensez-vous ? Quel type de poste lui sera proposé ?**

Le Bateleur n'annonce pas de grandes responsabilités. Il ne s'agit pas d'un poste de cadre.

9 - **Sandra demande si elle va obtenir un poste à durée indéterminée ou un contrat de courte durée. Elle sort le Bateleur I. Que lui répondez-vous ?**

Ce sera un cdd (durée déterminée) ou de courte durée, comme une mission, un intérim.

10 - **Isabelle est en couple avec Hugo depuis quelques années, mais ils ne vivent pas sous le même toit. Elle demande si Hugo s'intéresse toujours à elle. Dans l'ordre du tirage, l'Impératrice III est placée à droite de l'Empereur IIII. Que lui diriez-vous ?**

L'arcane masculin IIII tourne carrément le dos à son voisin féminin III. Il ne semble pas intéressé par la question

9 L'Hermite VIIII

<table>
<tr><td colspan="3">Le sommet de sa tête touche la partie supérieure de l'image :
L'esprit de l'Hermite est tourné vers le Plan Supérieur de la spiritualité.</td></tr>
<tr>
<td>Sa lanterne touche le bord gauche :
L'Hermite qui s'est retourné, examine le chemin parcouru.
Bilan.
Retour vers le passé.

Sous ses pieds, la terre est labourée :
Les actions et les expériences créent et façonnent chaque vie.
Prendre conscience de ce qui est semé chaque jour.

Son bâton :
Il rappelle celui du Mat, en plus cabossé.
Il montre la variété des chemins parcourus.</td>
<td></td>
<td>Son visage est de couleur chair :
Il est attentif aux questions humaines.

Ses cheveux et sa barbe :
Il est âgé et sage.

Son bonnet rouge et ses cheveux découverts :
Son mental est à l'oeuvre.
Il exprime le fond de sa pensée.

Son nom commence par un H :
Hermès, messager des Dieux Grecs qui déchiffre les secrets.

Son grand manteau bleu :
Il parle avec sagesse.</td>
</tr>
</table>

Réflexion, analyse du passé, lenteur

L'Hermite figure le père spirituel, l'ancêtre, le personnage le plus âgé du Tarot. Il **conseille avec sagesse et patience, ses mots sont choisis**. Ses pensées sont inspirées. Il se met à la portée de chacun. Il convient d'écouter ses paroles résonner en nous.

L'Hermite regarde le chemin parcouru. Cet examen du passé est nécessaire pour découvrir un problème de blocage. Par exemple : un dysfonctionnement dans le quotidien, une épreuve du passé qui remonte soudain à la surface. Le besoin d'un retour sur soi. Méditer, pour trouver la réponse en soi.

Avec l'Hermite **un cycle se termine** (9). Cet arcane indique le temps de la gestation (9 mois) de la maturation.

1. Mots clés symboles / L'Hermite

Mot clés : Discrétion dans les relations, respect, intériorité, introversion, temps de réflexion, calme et patience.

Aspect négatif quand l'arcane se présente renversé : Secret, solitude, lenteur, austérité, retards et ralentissements, vieillesse. Inaptitude à la clairvoyance. Enfermement dans le silence. Une quête spirituelle qui peut isoler du monde. À rester dans le passé, oublier de vivre au présent. Passivité, attentisme.

Nombre 9 : Indique la fin d'un cycle. Les 9 mois de la gestation avant une naissance. Accomplissement, aboutissement, purification, on change de cycle. Altruisme, amour désintéressé. Retour à l'unité, Ouroboros (symbole ancestral du serpent qui se mord la queue). Il rassemble et s'ajoute à tous les nombres qui le précèdent : 1+2+3+4+5+6+7+8+9 = 45 = 4+5 = 9.

2. Profil psychologique / L'Hermite

Solitude, sagesse, parcimonie, lenteur, sérieux, sagesse, sens du conseil, parfois froideur. Homme taciturne, qui ne se confie pas, qui parle peu.

Sa vie est intériorisée. Peu actif physiquement, mais doté d'une grande activité psychique, il observe avec lucidité l'entourage.

3. Âge/Personnages / L'Hermite

- Ancien, ancêtre, grand-père ou arrière-grand-père.
- Personne influente : supérieur hiérarchique, juge, avocat, président, sage, maître spirituel.
- Personne âgée ou personnage qui possède un grade hiérarchique important.
- Spécialiste dans un certain domaine : médical, juridique, administratif...

4. Métiers/Secteurs d'activités / L'Hermite

Par analogie, les détails de cette carte indiquent un corps de métier précis.

- Il indique le spécialiste dans le métier représenté par la carte précédente.
- Métiers de **Recherche et d'Étude** : Biologie, Médecine, Sciences, Chimie, Mathématiques, Botanique, Géologie ...
- Métiers d'**Investigation** : Policier, détective ou militaire.
- Fonctions **Spirituelles ou Religieuses**.
- Métiers étudiant le **Psychisme** : Psychologue, Psychanalyste...

5. Délais/Réponse / L'Hermite

Lenteur imposée.
Réponse : Se montrer patient.

6. Planète/Signe / L'Hermite

Saturne : La recherche, la rigueur, la sagesse, la fatalité, le conservatisme, la logique.
Vierge : Le raisonnement, l'analyse rigoureuse, l'ordre, la discrétion, la mémoire.

7. Lieux / L'Hermite

Endroits confinés, humides, sombres : caves, laboratoires, sous-sols, mines, lieux de silence et de méditation, grottes, maisons anciennes, casernes.

8. Professionnel/Activités / L'Hermite

Prédiction

- Lenteur de réalisation.
- Consolidation d'un état présent.
- Durée. Stabilité sur le long terme.

Conseils pratiques

Revoyez une étape de votre projet en observant les cartes qui entourent l'Hermite. La carte précédente indique le problème. La carte suivante pose la nouvelle action à mener. Soyez donc patient. Découvrez en vous ce qui a pu provoquer cette difficulté. Demandez conseil à une personne éclairée qui peut vous aider.

Ces conseils sont les mêmes à utiliser si vous tirez les cartes pour quelqu'un.

9. Affectif/Familial / L'Hermite

Prédiction

- Lenteur des événements.
- Solitude, peut être passagère.
- Si cette carte représente l'être aimé, il communique peu.
- Il (elle) a besoin d'un moment de solitude, de réflexion.

Conseils pratiques

Donnez-lui du temps, ne le bousculez pas. Parlez-lui avec calme, il a besoin de temps.

Ces conseils sont les mêmes à utiliser si vous tirez les cartes pour quelqu'un.

10. Matériel/Financier / L'Hermite

Prédiction

- Période d'austérité financière.

Conseils pratiques

Établissez un tableau de vos entrées et sorties financières. Évaluez précisément les avantages financiers de la proposition qui vous est faite. Êtes-vous vraiment gagnant sur le plan financier ? Évaluez vos charges. Vérifiez la balance de vos comptes.

Ces conseils sont les mêmes à utiliser si vous tirez les cartes pour quelqu'un.

11. Spirituel/Personnel / L'Hermite

Prédiction et conseils

Arrêtez de vous disperser dans des activités multiples pour vous donner le temps de vous recentrer. Équilibrez vos journées.

Ces conseils sont les mêmes à utiliser si vous tirez les cartes pour quelqu'un.

12. Santé/Bien-être / L'Hermite

Prédiction

- Médecin. La carte qui suit L'Hermite VIIII désigne l'état de santé ou les zones du corps fragilisées.
- Privations : régime, jeûne, ascèse, anorexie.
- Besoin d'un repos total pour aller mieux.
- Fin de cycle : ménopause, vieillesse.

Conseils pratiques

Surveillez votre métabolisme. Rééquilibrez votre alimentation. Pratiquez du sport tout en respectant les limites de votre corps.

Ces conseils sont les mêmes à utiliser si vous tirez les cartes pour quelqu'un.

13. Communication de l'arcane avec les autres arcanes

L'Hermite a besoin de faire le point. Il scrute le passé et le chemin parcouru pour un bilan nécessaire.

Dans un tirage, il regarde la carte précédente. Il indique son centre d'intérêt ou bien ce à quoi vous devez vous-même prêter attention. Il est calme et attentif.

En cas de blocage sur un problème ou une situation :

- **Carte à gauche de l'Hermite :** ce que vous devez examiner et comprendre pour avancer à nouveau.
- **Carte à droite de l'Hermite :** vers quoi vous diriger, ou bien ce que vous pourrez faire après l'analyse et la compréhension de l'événement.

14. Exercices pratiques d'assimilation

Exercice de réflexion personnelle

L'Hermite nous invite à vraiment réfléchir avant d'agir.

- A quoi dois-je être attentif concernant le passé lointain ou proche, pour découvrir si je n'ai pas manqué une étape ?
- Qu'est-ce que je ressasse encore aujourd'hui ?
- Sur quoi méditer pour me sentir plus apaisé ?
- Que dois-je analyser plus finement dans cette situation ?
- Qu'ai-je omis de faire ou de penser ?
- Quelle leçon positive, constructive puis-je en tirer ?
- Qu'est-ce que mes épreuves m'ont apporté ?
- Où suis-je bloqué : sur une étape ? ou sur une expérience précise de mon passé ?

Exercice d'assimilation

Sortez l'arcane du jeu, laissez-le en évidence devant vous et consultez-le souvent. Vous pouvez également le poser sur votre table de nuit. L'important c'est de vous imprégner vraiment de cette carte.

Rappel : N'oubliez pas de noter au fur et à mesure tous les éléments offerts par votre intuition ou les circonstances du moment. Relisez régulièrement vos notes le soir.

15. Le message proposé par l'Hermite

"J'accepte d'accueillir les réponses à mes questionnements inscrites dans mon passé. Je regarde avec bienveillance le chemin que j'ai parcouru."

10 La Roue de Fortune X

<table>
<tr><td colspan="3">La couronne du singe sphinx (Égypte) touche le haut de la carte :
La Roue de Fortune est reliée au Plan Supérieur.</td></tr>
<tr>
<td>La Roue de Fortune n'est pas la Roue <u>de la</u> Fortune, elle est faite de bric et de broc :
Elle invite à faire avec ce qui est là et de s'adapter au mouvement incessant de la vie.

Les singes montent et descendent dans les deux sens :
Ils suivent les cycles naturels de la vie.
Ils montrent leur mouvement circulaire : action/réaction, blocage/démarrage, arrêt/départ, gain/perte.</td>
<td>
</td>
<td>Le singe sphinx interpelle son lecteur :
Il est temps de se poser les bonnes questions.

La manivelle de la roue est disponible :
Oser l'initiative de faire tourner la roue pour avancer.
Ne pas attendre que les choses se fassent toutes seules.
Elles risqueraient de stagner.</td>
</tr>
</table>

Changements, fluctuations, cycles

X : Démarrage d'un nouveau cycle : 1 + 2 + 3 + 4 = 10. La seule chose permanente est le changement. Un virage, une page se tourne. Fortuna veut dire en latin " **Destin". Elle** met l'accent sur le **libre-arbitre.** La vie peut être exaltante, à condition d'en être l'acteur. L'arcane invite à **prendre sa vie en main :** sortir de la passivité, agir et choisir une direction.

Les deux petits singes tournent en rond. Celui de gauche porte une jupe et l'autre une jaquette. Le singe sphinx, en haut, porte une épée dans la main gauche : c'est lui qui pose les questions. **Il fait appel à un plus grand discernement dans les choix à faire, la direction à prendre.**

Toute action engendre obligatoirement une réaction irréversible. Toutefois, il est temps de passer à l'action : relancer les projets et avancer différemment.

Considérer les difficultés rencontrées comme des opportunités créatives permet de dépasser les blocages et d'évoluer. L'Hermite VIIII indique clairement que la sagesse intérieure permet de trouver des solutions. La Roue de Fortune X, elle, invite à se faire confiance et à s'adapter aux cycles et aux incidents de la vie.

1. Mots clés symboles / La Roue de la Fortune

Mot clés : Se poser les bonnes questions, agir, décider, événements fluctuants et inattendus, hauts et bas, cycles, hasard. Organiser, s'organiser, planifier, ranger le passé à sa place. Écouter son intuition. Véhicule, route, trajet, déménagement, changement, retour.

Aspect négatif quand l'arcane se présente renversé : Instabilité, inconstance, retournements de situations, malchance.

Risque de tourner en rond, de répéter les expériences malheureuses. Actions non réfléchies, dispersées et improductives.

Nombre 10 : 1 + 0 = 1. Redémarrage d'un cycle comme avec le Bateleur I. Période de transition et de régénération.

2. Profil psychologique / La Roue de la Fortune

Émotivité, sensibilité, tempérament cyclique, caractère lunatique parfois. Vivacité, rapidité, changement, personne qui fait volte-face de façon inattendue, comportement qui peut sembler peu rationnel, car soumis aux émotions ou aux désirs du moment.

3. Âge/Personnages / La Roue de Fortune

- Pas d'âge en particulier.

4. Métiers/Secteurs d'activités / La Roue de Fortune

Par analogie, les détails de cette carte indiquent un corps de métier précis.

- Métiers liés aux déplacements**, aux véhicules**.
- Métiers liés aux **routes**, aux circuits.
- Métiers liés aux **jeux :** loterie, PMU, fêtes foraines, foires.
- Métiers liés aux **animaux** : parcs, zoos.

5. Délais/Réponse / La Roue de la Fortune

Très rapide avec effet dans les 3 mois.
Réponse positive ou non, mais dans un délai très court.

6. Planète/Signe / La Roue de Fortune

Jupiter : La sociabilité, la récolte (semer/récolter), l'excès en tout, la fuite en avant, le refus des limites.

7. Lieux / La Roue de Fortune

Les routes, les chemins, les lieux de transit. Les endroits très fréquentés : les foires, les lieux de passage, les salons d'entreprises, les expositions.

8 Professionnel/Activité / La Roue de Fortune

Prédiction

- Fluctuations, changements. Les cartes suivantes indiqueront la nature du changement.
- Changements de service, de poste, d'horaires, de personnel, de tâches, d'outils professionnels.
- Mutation, si proximité de l'arcane du Mat.
- Les métiers associés aux véhicules, si proximité du Chariot VII.

Conseils pratiques

Instaurez vous-même le changement. Commencez par classer et ranger les documents anciens. Organisez, réaménagez et optimisez votre bureau. Agissez maintenant : prenez des rendez-vous, passez des appels téléphoniques.

Ces conseils sont les mêmes à utiliser si vous tirez les cartes pour quelqu'un.

9 Affectif/Familial / La Roue de Fortune

Prédiction

- Fluctuations, changements. Les cartes suivantes indiqueront la nature du changement.
- Rencontre inattendue et éphémère.
- Changements dans la maison : aménagements mobiliers ou travaux.
- Déménagement, si présence proche des arcanes : Le Mat, la Lune XVIII, Le Chariot VII.
- Changements dans le cercle relationnel, nouvelles relations amicales.

Conseils pratiques

Restez neutre devant le comportement inattendu d'une personne, ce sera passager.

Un souvenir concernant une personne de votre passé, vous empêche d'avancer dans votre vie affective.

L'attachement à une ancienne relation ne laisse pas encore de place à une nouvelle relation.

Ces conseils sont les mêmes à utiliser si vous tirez les cartes pour quelqu'un.

10 Matériel/Financier / La Roue de Fortune

Prédiction

- Fluctuations, changements. Les cartes suivantes indiqueront la nature de ces changements.
- Rentrées d'argent.
- Dépenses inattendues.

Conseils pratiques

Établissez un budget pour plus de sécurité. Épargnez pour couvrir les dépenses inattendues.

Ces conseils sont les mêmes à utiliser si vous tirez les cartes pour quelqu'un.

11 Spirituel/Personnel / La Roue de Fortune

Prédiction

- Période de changements, suite à une remise en question.
- Obtention dans les jours qui viennent d'une réponse à une question qui occupe l'esprit.

Conseils pratiques

Notez précisément vos questions sur un cahier et datez-les. Puis écrivez dans quelques jours, les éléments de réponse sur ce cahier, pour avancer sur le sujet.

Ces conseils sont les mêmes à utiliser si vous tirez les cartes pour quelqu'un.

12 Santé/Bien-être / La Roue de Fortune

Prédiction

- Fluctuation de la tension artérielle.
- Résultats biologiques un peu irréguliers, mais sans caractère de gravité.
- Fluctuance de l'énergie.
- Beaucoup de mouvement autour de soi.

Conseils pratiques

Ne vous précipitez pas pour agir. Sortez du "faire" pour être dans l'"Être". Mangez moins vite et savourez vos repas tranquillement. Pratiquez la relaxation ou la méditation. Recentrez-vous. Soyez présent à votre environnement et à vos sensations physiques.

Ces conseils sont les mêmes à utiliser si vous tirez les cartes pour quelqu'un.

13 Communication de l'arcane avec les autres arcanes

Faites ce tirage pour prendre conscience de tous les aspects de votre vie pour lesquels vous pourriez agir et compter sur vous-même.

- **Carte à gauche de la Roue de Fortune :** Ce qui va vous aider à débloquer la situation pour avancer.
- **Carte à droite de la Roue de Fortune :** Ce vers quoi vous vous dirigez.

14 Exercices pratiques d'assimilation

Exercice de réflexion personnelle

La Roue de Fortune indique que nous sommes les seuls à pouvoir relancer le mouvement de notre vie. En fait, nous sommes à la fin d'un cycle et nous en commençons un autre.

- Quel cycle terminez-vous ?
- Quel cycle voulez-vous démarrer ?
- Sur quel plan de votre vie vous situez-vous pour ce changement ?
- Quel renouveau positif voulez-vous apporter à votre vie ?

Exercice d'assimilation

Sortez l'arcane du jeu, laissez-le en évidence devant vous et consultez-le souvent. Vous pouvez également le poser sur votre table de nuit. L'important c'est de vous imprégner vraiment de cette carte.

Rappel : N'oubliez pas de noter au fur et à mesure tous les éléments offerts par votre intuition ou les circonstances du moment. Relisez régulièrement vos notes le soir.

15 Le message proposé par La Roue de Fortune

"Je m'autorise enfin à sortir du cycle des répétitions qui ne me conviennent plus. Je pose en conscience de nouvelles actions correctives."

11 La Force XI

<table>
<tr><td colspan="3">Le chapeau en forme de lemniscate (8 couché. Signe de l'Infini), comme chez le Bateleur I :
Se fier à son propre ressenti et à la Sagesse Supérieure.</td></tr>
<tr><td>En bas et à gauche, la robe et le manteau sortent de la carte.
Ils sont reliés au passé :
Nos capacités présentes
et à venir découlent de nos acquis du passé.

Son pied droit compte six orteils :
Ancrage puissant et énergie physique.</td><td>
</td><td>Elle ouvre aisément la gueule du lion :
Force tranquille. Maîtrise insoupçonnée jusqu'alors. Maîtrise des instincts. Maîtrise de la situation.

Aucun sol dessiné :
Sa force ne vient de rien d'autre que d'elle.</td></tr>
</table>

Créativité, potentiel, force, capacités personnelles

Après avoir enclenché le **mouvement libérateur** à la Roue de Fortune X, l'arcane de la Force libère ses capacités pour construire et déployer tous **ses talents**. Elle est **l'énergie, la volonté, la vitalité, la chaleur.** Elle favorise les créations pleines de promesses.

Ses capacités sont **inspirées.** L'arcane invite à écouter son ressenti et le message de l'Intelligence Supérieure. Elle possède une **force tranquille consciente**.

Toute nouvelle situation, pourra être abordée grâce au potentiel personnel révélé par l'arcane. Appel aux capacités acquises pour trouver **les talents et les aptitudes** pour **agir,** même en cas de doute. Passer à l'action permet de vérifier que chacun est plus riche d'expérience et d'aptitudes qu'il ne le croit.

La Force est reliée à l'arcane le Bateleur I. Il témoigne de la créativité qui puise dans les **forces instinctives.** Il suffit à chacun de les repérer afin qu'elles deviennent Créativité et non qu'elles restent refoulements et blocages.

1. Mots clés symboles / La Force

Mot clés : Créativité, force, énergie sexuelle, activité physique, sport, nouvelle activité. Commencement, héroïsme, bravoure, courage, ouverture ou refoulement, rétablissement de la santé.

Aspect négatif quand l'arcane se présente renversé : Affirmation brusque, intolérance et critique, agressivité, brusquerie, colère, refoulement des énergies et des émotions qui se traduisent par des problèmes corporels.

Nombre 11 : Nombre premier. Maître nombre. Force de caractère, 1 + 1 = 2. Nombre de la Papesse II et de l'énergie féminine.

2. Profil psychologique / La Force

Une personne qui se concentre sur son ressenti et ses forces instinctives. Elle a conscience de savoir gérer des situations et de trouver des solutions. Elle se fie à ses capacités d'adaptation immédiate. Elle parle franchement, même si c'est de façon un peu brutale. C'est une personne passionnée.

3. Âge/Personnages / La Force

- Adulte, homme ou femme.
- Personne qui travaille avec des animaux : vétérinaire, dresseur, soigneur.

4. Métiers/Secteurs d'activité / La Force

Par analogie, les détails de cette carte indiquent un corps de métier précis.

- Métiers **très physiques** qui demandent force et endurance.
- Métiers en relation avec le **développement musculaire**.
- Métiers de **dressages** et de **soins des animaux**.
- Métiers liés à la **chaleur et au feu.**

5. Délais/Réponse / La Force

Rapide.
Réponse favorable.

6. Lieu / La Force

- Les lieux avec des animaux, cirque, zoo, parcs.
- Les lieux dans lesquels il fait chaud, les lieux professionnels (pressing, fonderie, sauna, chauffage...).
- Les endroits de la maison qui sont chauds (cheminée, âtre, cuisine, buanderie)

7. Planète/Signe / La Force

Soleil : L'autorité sociale, les créations, le succès, la notoriété, l'affirmation de soi.
Lion : L'expansion, l'exubérance, l'ambition, la générosité, le besoin de réussite.

8. Professionnel/Activités / La Force

Prédiction

- Dans l'activité professionnelle : arrivée d'un changement qui apportera de meilleurs résultats.
- Mesures énergiques qui permettent de bons ajustements dans l'activité actuelle ou dans la recherche d'un emploi.

Conseils pratiques

Agissez et prenez les mesures pour trouver une nouvelle activité professionnelle qui vous convient mieux. Profitez de cette nouvelle énergie pour créer. Affirmez vos compétences.

Ces conseils sont les mêmes à utiliser si vous tirez les cartes pour quelqu'un.

9. Affectif/Familial / La Force

Prédiction

- Relation basée sur l'expression de soi et la vie sexuelle.
- Relation positive pour le couple, s'il n'y a pas de dépendance affective.
- Changement important au sein de la famille.

Conseils pratiques

Laissez votre corps s'exprimer dans la sexualité et la tendresse.

Ces conseils sont les mêmes à utiliser si vous tirez les cartes pour quelqu'un.

10. Matériel/Financier / La Force

Prédiction

- Créativité, renouveau qui génèrera des revenus.
- Pose des actions. Les initiatives sont positives.

Conseils pratiques

Notez de nouvelles idées de projets afin de relancer votre énergie créative.

Ces conseils sont les mêmes à utiliser si vous tirez les cartes pour quelqu'un.

11. Spirituel/Personnel / La Force

Prédiction

- Peur ou inquiétude atténuée par le passage à l'action.

Conseils pratiques

Pour dépasser cette peur, découpez votre projet en étapes successives plus faciles à réaliser. Commencez immédiatement ce travail pour être sûr d'avancer.

Ces conseils sont les mêmes à utiliser si vous tirez les cartes pour quelqu'un.

12. Santé/Bien-être / La Force

Prédiction

- Retour à la santé.
- Examens, chirurgie ou traitements médicaux réussis et bien tolérés.
- Carte qui concerne le cœur et la tension artérielle.

Conseils pratiques

Pratiquez une activité physique régulière pour renforcer votre santé. Si vous vous surprenez en colère, observez ce qui sous-tend cet excès. En effet, la colère s'exprime quand une peur et une tristesse n'ont pas été exprimées.

Ces conseils sont les mêmes à utiliser si vous tirez les cartes pour quelqu'un.

13. Communication de l'arcane avec les autres arcanes

La Force indique les aptitudes et le potentiel.

- **Carte à gauche de la Force :** Les aptitudes et le potentiel actuels.
- **Carte à droite de la Force :** Le domaine dans lequel mettre à profit le potentiel et exploiter les compétences.

14. Exercices pratiques d'assimilation

Exercice de réflexion personnelle

La Force indique notre potentiel et notre savoir-faire.

- Quelles sont mes forces, mes atouts et mes capacités dans cette situation ?
- Quelles aptitudes et compétences particulières puis-je utiliser dans cette situation ?

Exercice d'assimilation

Sortez l'arcane du jeu, laissez-le en évidence devant vous et consultez-le souvent. Vous pouvez également le poser sur votre table de nuit. L'important c'est de vous imprégner vraiment de cette carte.

Rappel : N'oubliez pas de noter au fur et à mesure tous les éléments offerts par votre intuition ou les circonstances du moment. Relisez régulièrement vos notes le soir.

15. Le message proposé par la Force

"Je reconnais que j'ai des capacités. Je m'autorise à les utiliser pour avancer."

Exercice pratique 7

Commencez par répondre spontanément. Ensuite utilisez vos supports de cours pour répondre. Vous pourrez ainsi réviser et éventuellement corriger vos notes.

1 - Lilou va accéder à un nouveau poste. Elle est inquiète. Sera-t-elle apte à le tenir ? Elle tire la Force XI. Que lui dites-vous ?

2 - Romain se demande si Éloïse est bien investie dans leur relation qui débute. La carte qui représente l'état d'esprit d'Éloïse est l'Hermite VIIII. Que pensez-vous de cette carte, vers quoi Éloïse est-elle tournée ?

3 - Agathe va passer un entretien. Elle souhaite savoir comment elle sera perçue. Elle tire deux cartes, la Roue de Fortune X et la Force XI. Que lui dites-vous ?

4 - Quel arcane parmi les 11 arcanes étudiés jusqu'ici, indique

- Une bonne gestion du matériel ou des acquis ?
- L'Administration, ou la gestion administrative, ou l'officialisation d'une situation ?
- Le besoin de prendre l'air ou de reprendre sa liberté ?
- Un secret ?
- La réussite ?

5 - Andrea s'inquiète pour la santé de sa mère. Elle tire le Pape V. Pouvez-vous la rassurer ?

6 - Louisa se demande si ses finances vont se stabiliser. Elle tire la Roue de Fortune X. Que lui dites-vous ?

7 - Jane veut un enfant. Quels sont les arcanes en faveur d'une grossesse possible, parmi les 11 premiers arcanes ?

8 - Quels différents arcanes permettent de créer cette phrase : "Je cherche le secret" ?

Correction de l'exercice pratique 6

Si vous n'avez pas fait cet exercice, vous pouvez encore le réaliser, retrouvez-le dans votre cours précédent.

Il s'agit ici, comme en consultation directe de répondre à la question et uniquement à la question posée. Je vous donne des réponses courtes que vous pouvez élargir en vous référant à votre cours à la catégorie impliquée dans la question : professionnel, matériel, affectif etc.

1. **Jean a eu un entretien. Il demande si on va l'embaucher. Il tire la Justice VIII et Le Chariot VII. Que lui prédisez-vous ?**
   Un contrat VIII et un travail VII, embauche certaine.

2. **Salomé et Sacha sont en couple. Positionné entre les deux cartes qui les représentent (Impératrice III et Empereur IIII), il y a le Chariot VII. Qu'est-ce qui relie ce couple ?**
   Le Chariot indique la vie amoureuse et sexuelle, le désir sexuel (VII) est entre eux : III et IIII. Plaisir garanti.

3. **Lily et Sébastien ont 27 ans. Les cartes qui les représentent sont la Papesse II et le Pape V. Que diriez-vous de ce couple ?**
   Ils forment un couple aux motivations identiques. Le Pape V et la Papesse II, sont unis. Ils aiment être ensemble et vivre dans leur intérieur protecteur, chacun prend soin de l'autre.

4. **Célia demande si elle va trouver un travail. Elle tire l'Amoureux VI et la Justice VIII. Quel type de contrat va-t-elle trouver ?**

   Les prédictions sur l'activité et le travail sur l'Amoureux indiquent :

   - Les contrats de travail à temps partiel.
   - Les missions intérimaires ou un job d'été.
   - Deux activités à temps partiel ou mi-temps dans deux entreprises ou deux services de l'entreprise.
   - En cas de temps partiel, possibilité de compléter les revenus avec une seconde activité salariée, ou à votre propre compte.
   - Une activité que vous allez aimer.
   - Une réunion professionnelle.

   Conclusion : son activité sera à temps partiel ou une mission (VI). Elle va aimer (VI) son nouveau travail (VIII).

5. **Amélie veut faire des études de Droit. Elle demande si c'est une bonne voie pour elle. Elle tire la Papesse II et la Justice VIII. Que lui indiquent ces arcanes ?**

   Les Études (représentées par la Papesse II) et le Droit (représenté par la Justice VIII) indiquent que ce métier est fait pour elle. C'est une bonne voie pour elle.

6. **Tom a repéré une voiture d'occasion et il souhaite l'acheter. Il tire les cartes suivantes : Amoureux VI, Chariot VII, Bateleur I. Que pouvez-vous lui dire au sujet de son choix ?**

   Pour son choix motivé par le désir d'acheter ce véhicule, les cartes sont positives. En clair, il aime (VI) ce véhicule (VII). Il pourra acheter le véhicule (I) et sous peu, grâce à la présence des deux lames rapides : I et VII.

Quel arcane pourrait indiquer qu'il va faire une bonne affaire par exemple ?

Les arcanes : le Pape V, le Soleil XVIIII, le Monde XXI, la Tempérance XIIII.

7. **Adrien va signer un contrat. Il se demande si la signature se fera rapidement ou non. Il tire le Bateleur I. Que lui dites-vous ?**
   Oui, elle se fera rapidement.

8. **Vous aimeriez connaître le caractère ou la personnalité d'un ami. Vous tirez 3 cartes : Empereur IIII, Papesse II et Justice VIII. Décrivez-le.**
   Retrouvez dans votre cours les caractéristiques du IIII + celles du II et celles du VIII.

L'action et les capacités masculines de l'Empereur IIII sont associées à la sagesse et au sens de l'analyse de la Papesse II, auxquels s'ajoutent le bon sens et l'équité de la Justice VIII.

Cet homme est fiable, intègre, excellent ami, bon conseiller, mais sans être trop complaisant. On peut compter sur son amitié.

"Laisse ta lumière briller si intensément
que les autres y trouveront leur chemin
pour sortir de l'obscurité."
Magali Walter

12 Le Pendu XII

<table>
<tr><td colspan="3">Le Pendu est en suspens :
Attaché par un pied à un portique rustique, il s'immobilise pour réfléchir.</td></tr>
<tr>
<td>Sa jambe droite est calée derrière son genou gauche :
Retenue, pause, arrêt volontaire. Elle rappelle la position des jambes de l'Empereur IIII, avec le signe de Jupiter f :
La réflexion sera fructueuse, profitable.

Les 6 branches coupées sur chacun des deux arbres rappellent l'arcane VI, l'Amoureux :
Réfléchir pour prendre une nouvelle décision ou une nouvelle direction.
2 x 6 = 12 :
Moment d'arrêt plus que nécessaire.</td>
<td>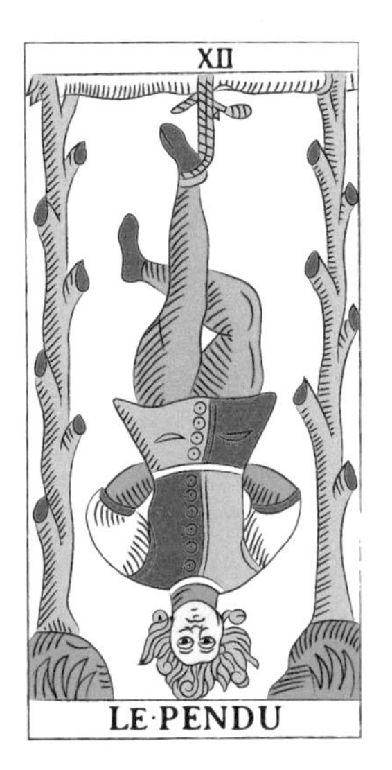
</td>
<td>Une de ses oreilles est visible :
Écouter attentivement notre voix intérieure.

Ses cheveux touchent le cadre du bas :
Le temps nécessaire de réflexion va permettre de retrouver la réalité présente.

Ses mains sont dans le dos :
Ce n'est pas le bon moment pour agir.</td>
</tr>
</table>

Méditer, réfléchir, attendre

Comme Odin le créateur des Runes (ancien alphabet scandinave), le Pendu est suspendu par une jambe pour **réfléchir.** Le message est clair : s'arrêter, suspendre l'activité ou la pensée pour pouvoir progresser.

Ce personnage est le seul des arcanes majeurs dont on voit une **oreille**. Il invite à **se recentrer**, à faire le point et à écouter attentivement sa voix intérieure.

Le temps est venu pour la **réflexion. Ne rien entreprendre** dans l'immédiat, se donner le temps de la réflexion solitaire au calme.

De chaque côté du Pendu, 6 branches coupées reportent à l'arcane VI, l'Amoureux. A l'issue de la réflexion, une **nouvelle décision ou une nouvelle direction sera prise.** Avant tout, **revoir ses nouvelles idées**, ses actions passées, ses projets à venir. Comme avec l'Amoureux VI, entreprendre un travail de prise de conscience en profondeur. Changer son point de vue initial et oser poser de nouvelles actions positives, constructives.

1. Mots clés symboles / Le Pendu

Mot clés : La méditation, l'inactivité. L'inconscient et les profondeurs du psychisme. Le foetus, le cordon ombilical. Le repos. S'isoler du monde. L'ascétisme. La clairvoyance, l'étape initiatique, la dissolution de certaines certitudes.

Aspect négatif quand l'arcane se présente renversé : L'attente, la stagnation, l'immobilité, le sentiment d'impuissance, cacher ou se cacher quelque chose, l'anxiété, la frustration, la victimisation.

Nombre 12 : Organisation terrestre en heures : 12h le jour et 12h la nuit. 12 signes du zodiaque, 12 mois. 1 + 2 = 3. La créativité et la transformation naissent dans cet instant de retour sur soi.

2. Profil psychologique / Le Pendu

- Une personne qui n'arrive pas à se décider, qui se heurte à des obstacles dans sa vie privée.
- Elle reste pétrifiée par ses peurs ou les souvenirs du passé.
- Elle n'ose pas agir par peur, timidité, méconnaissance de son propre potentiel.

3. Âge/Personnages / Le Pendu

Cet arcane n'a pas d'âge précis, car il indique un état d'être.

Il désigne parfois une personne immobilisée par un blocage au niveau du corps ou du psychisme.

4. Métiers/Secteurs d'activités / Le Pendu

Par analogie, les détails de cette carte indiquent un corps de métier précis.

- Métiers de la **Relaxation** ou du centrage sur soi : Le yoga, la sophrologie, l'anesthésie, l'hypnose...
- Métiers du **Bien-être** corporel et des **Soins naturels** : Le massage, la naturopathie etc.
- La **voyance**, l'astrologie, la géobiologie, la parapsychologie. La pratique du pendule (le Pendu : "Pendu-le").

5. Délais/Réponse / Le Pendu

Délais longs du fait du blocage et de l'immobilité indiqués.
Réponse : blocage.

6. Planète/Signe/ Le Pendu

Neptune : La perception, l'intuition, la communication avec l'inconscient, l'invisible, la spiritualité.
Poissons : L'hypersensibilité, l'intériorité, l'imaginaire, l'inconscient, l'introspection.

7. Lieux / Le Pendu

Sous les arbres, les lieux où l'on suspend des objets : caves, greniers, lustres. Les lieux d'isolement, de méditation ou de soin de l'âme.

8. Professionnel/Activité / Le Pendu

Prédiction

- Blocage. Rien ne bouge.
- Travail subi, activité qui ne donne aucune satisfaction.

Conseils pratiques

Recherchez le blocage et analysez-le. Refaites un tirage pour demander des éclaircissements sur ce qui bloque. Réfléchissez pour reconsidérer vos priorités.

Ces conseils sont les mêmes à utiliser si vous tirez les cartes pour quelqu'un.

9. Affectif/Familial / Le Pendu

Prédiction

- Blocage dans la relation.
- Non-dits en famille, secrets, événements non révélés.
- Situation qui persiste sans s'améliorer.

Conseils pratiques

Attendez, observez et laissez venir les informations. Toute action risque d'empirer la situation. Il vous faut attendre et patienter.

Ces conseils sont les mêmes à utiliser si vous tirez les cartes pour quelqu'un.

10. Matériel/financier / Le Pendu

Prédiction

- Suspension des rentrées financières, ou des transactions en cours.
- Si l'attente paraît trop longue, chercher à obtenir plus d'information, mais sans précipiter les choses.

Conseils pratiques

Patientez. La période n'est pas favorable aux achats ou aux placements.

Vous êtes peut être en train de regretter un achat ou un investissement.

Ces conseils sont les mêmes à utiliser si vous tirez les cartes pour quelqu'un.

11. Spirituel/Personnel / Le Pendu

Prédiction

- Pause.
- Evénement qui incite à l'introspection.
- Découverte de l'envers du décor.
- Révélation tout à fait claire.

Conseils pratiques

En toute conscience, plongez au coeur de vous-même. Observez les mécanismes qui contrôlent votre vie. Découvrez vos propres valeurs. Lâchez prise. Recherchez l'histoire de votre petite enfance (vie fœtale) et celle de vos attachements, de vos dépendances.

Ces conseils sont les mêmes à utiliser si vous tirez les cartes pour quelqu'un.

12. Santé/Bien-être / Le Pendu

Prédiction

- Œdèmes, stases liquidiennes.
- Blessure des membres inférieurs.
- Immobilité forcée.
- Arrêt de travail.
- Sentiment d'impuissance et manque d'énergie.

Conseils pratiques

Arrêtez-vous. Prenez du repos ou des vacances. Vous réfléchirez mieux en changeant d'activité, ou de centre d'intérêt. Méditez, marchez dans la forêt. Pratiquez la détente corporelle. Faites-vous masser.

Ces conseils sont les mêmes à utiliser si vous tirez les cartes pour quelqu'un.

13. Communication de l'arcane avec les autres arcanes

Le Pendu écoute sa voix intérieure, son intuition, ses ressentis. Il réfléchit.

- **Carte à gauche du Pendu :** Indique le sujet précis de la réflexion.
- **Carte à droite du Pendu :** Évolution de la réflexion en faveur de nouvelles actions à mener.

14. Exercices pratiques d'assimilation

Exercice de réflexion personnelle

Le Pendu nous conseille de faire une pause et de réfléchir sérieusement.

- Quels sont les schémas intérieurs qui bloquent mes actions, ma façon de vivre, mes relations ou mes projets ?
- Sur quel sujet dois-je me concentrer pour avancer ?
- Qu'est ce qui me bloque le plus souvent ?
- Quelles sont les situations que je crée inconsciemment ?
- Quelles sont mes pensées récurrentes ?

Exercice d'assimilation

Sortez l'arcane du jeu, laissez-le en évidence devant vous et consultez-le souvent. Vous pouvez également le poser sur votre table de nuit. L'important c'est de vous imprégner vraiment de cette carte.

Rappel : N'oubliez pas de noter au fur et à mesure tous les éléments offerts par votre intuition ou les circonstances du moment. Relisez régulièrement vos notes le soir.

15. Le message proposé par le Pendu

"Je vois la réalité derrière les apparences. J'accepte ma part de responsabilité dans ce qui est ici et maintenant."

Exercice personnel

L'exercice suivant ne concerne que vous. Il est à noter et à dater dans votre cahier personnel. Vous le reprendrez et vous pourrez y ajouter des réponses au fur et à mesure de votre avancée dans la lecture de ce guide.

Si vous avez un projet en cours, notez-le. Sortez la carte du Pendu et placez à sa gauche l'une des 11 cartes déjà étudiées. Puis une autre carte à droite.

Rappel : Les 11 premiers arcanes représentent le potentiel humain.

Lisez ces cartes et expliquez en quelques mots votre projet. Sur quoi le Tarot vous demande de réfléchir. Quelle sera l'action à entreprendre par la suite.

13 L'Arcane sans Nom XIII

<table>
<tr><td colspan="3">Arcane couleur chair :
Le travail de transformation doit se faire au cœur même de la vie quotidienne.</td></tr>
<tr>
<td>L'arcane regarde vers la droite :
Regarder l'avenir pour avancer.

Squelette, ossature :
Retour à l'essentiel. Tenir debout. Incarnation puissante.

La colonne vertébrale est en épi de blé :
Semailles à venir dans cette terre si riche.

Un trèfle à 4 feuilles couvre les cervicales :
La semence poussera en abondance.

L'arcane tourne le dos au passé :
Dépasser le passé. Croyances, lieux, situations, personnes.</td>
<td></td>
<td>Les têtes couronnées au sol :
Toutes les tyrannies acceptées dans le passé.

Les têtes couronnées sont tranchées, fauchées :
Abandonner les anciennes croyances et les autorités du passé.

Le manche de la faux est jaune. Il est tenu fermement par les deux mains :
Démarche volontaire de transformation.</td>
</tr>
</table>

Changement, nettoyage, transformation, mutation

Après l'étape de réflexion et de prise de conscience du Pendu XII, L'Acarne sans Nom réalise une profonde transforme intérieure qui changera la vie. Cet arcane ne symbolise pas la mort physique. Il est la **fin d'une étape**. L'arcane est puissamment **à l'œuvre pour la survie**. Il s'agit de couper les têtes couronnées du passé, ou les croyances limitantes. Ce nettoyage libérateur permet de vivre enfin en phase avec qui nous sommes, dans notre profonde vérité intérieure. Cette **métamorphose** apportera le renouveau, **l'abondance et la réussite.**

Quitter quelque chose, quelqu'un, un lieu, une situation, un schéma de pensée... Un événement inattendu, ou une **réelle prise de conscience** bouleversera la vie de façon positive.

Le Mat n'a pas de chiffre et l'arcane XIII n'a pas de nom. Leurs postures sont identiques. Toutefois, ils vivent le changement sur un mode différent : Le Mat s'en va et l'Acarne sans Nom XIII opère sur place le changement et la transformation intérieurs. Son action est rapide, soudaine.

1. Mots clés symboles / L'Arcane sans Nom

Mot clés : Nettoyage, prise de conscience, changement, transformation, métamorphose, élan pour la survie, élimination, coupure, rupture salutaire. Quitter quelque chose, quelqu'un, une maison, un lieu, une activité. Tournant, initiation.

Aspect négatif quand l'arcane se présente renversé : Perte, rupture, abandon, défaite, échec, tendance à l'autodestruction, auto sabotage, décisions trop brutales, choix extrêmes.

Nombre 13 : Nombre premier, 1 + 3 = 4. Retour à la terre, à l'humus, à la force de vie et à la construction. Ce que le 4 a construit doit renaitre sous une autre forme.

2. **Profil psychologique / L'Arcane sans Nom**

- Une personne qui tranche, qui fait fi du passé, qui fait le deuil d'une relation terminée.
- Une personne en rupture ou qui va effectuer de grands changements dans sa vie.

3. **Âge/Personnages / L'Arcane sans Nom**

- Elle n'indique pas d'âge, elle est neutre. Elle indique le passage d'un état à un autre.

4. **Métiers/Secteurs d'activités / L'Arcane sans Nom**

Par analogie, les détails de cette carte indiquent un corps de métier précis.

- Métiers du **Psychisme** : Psychanalyste, thérapeute ou personne qui accompagne le changement.
- Métiers en relation avec le corps ou le **squelette** : Rayons X et radiographies, étiopathie, ostéopathie, chirurgie, rééducation.
- Métier en relation avec la mort : Accompagnement des mourants, Pompes funèbres.

5. **Délais/Réponse / L'Arcane sans Nom**

Rapide.
Réponse négative ou défavorable.

6 Planète/Signe / L'Arcane sans Nom

Pluton : La métamorphose profonde, la régénération, la force de transformation, la mort symbolique, la renaissance, le principe d'individuation.
Scorpion : La force de caractère, la conscience spirituelle, les crises existentielles, le discernement, la volonté.

7 Lieux / L'Arcane sans Nom

Laboratoires, caves, coffres, lieux fermés et sombres, placards, cagibis, celliers...

8 Professionnel/Activités / L'Arcane sans Nom

Prédiction

- Changement rapide et peut être inattendu, au sujet d'un contrat ou d'un poste de travail.
- Arrêt pour congés ou bien maladie.

Conseils pratiques

Changez, modifiez un contrat, ou une façon de travailler. Demandez un changement de service, de fonction, ou de nouveaux horaires. Changez de statut salarial ou social.

Ces conseils sont les mêmes à utiliser si vous tirez les cartes pour quelqu'un.

9 Affectif/Familial / L'Arcane sans Nom

Prédiction

- Changement rapide dans les relations.
- Besoin de prendre de la distance avant de revenir.

Conseils pratiques

Contactez avec la personne avec laquelle vous vivez un différend ou un conflit.

Ces conseils sont les mêmes à utiliser si vous tirez les cartes pour quelqu'un.

10 Matériel/Financier / L'Arcane sans Nom

Prédiction

- Perte.
- Séparation d'un bien pour un mieux-être.
- Grosses dépenses.

Conseils pratiques

Faites le tri dans vos affaires personnelles. Réaménagez votre intérieur.

Ces conseils sont les mêmes à utiliser si vous tirez les cartes pour quelqu'un.

11 Spirituel/Personnel / L'Arcane sans Nom

Prédiction

- Changement personnel.
- Suite à un événement ou à une introspection, nouveau départ sur de meilleures bases pour un avenir positif.

Conseils pratiques

Changez de croyances, de schémas, de référence. Changez vos habitudes car elles apportent toujours les mêmes résultats.

Si vous souhaitez que votre vie s'améliore, modifiez votre façon de penser. Évacuez tout ce qui absorbait une bonne partie de votre énergie. Consultez quelqu'un pour vous aider à y voir plus clair.

Ces conseils sont les mêmes à utiliser si vous tirez les cartes pour quelqu'un.

12 Santé/Bien-être / L'Arcane sans Nom

Prédiction

- La faux symbolise l'outil qui soigne le corps : Le scalpel du chirurgien, les seringues, les soins médicaux ou infirmiers, une intervention chirurgicale.
- Le squelette évoque les examens d'imagerie médicale : Les radiographies, scanner, IRM, doppler…
- Les organes d'élimination (reins, colon).
- Les avortements, les fausses-couches.

Conseils pratiques

Faites un bilan de santé.

Ces conseils sont les mêmes à utiliser si vous tirez les cartes pour quelqu'un.

13 Communication de l'arcane avec les autres arcanes

L'Arcane sans Nom indique qu'il est temps aujourd'hui de trier, de trancher ce qui ne convient plus.

- **Carte à gauche de l'Arcane sans Nom :** Ce qui doit être modifié radicalement.

- **Carte à droite de l'Arcane sans Nom :** L'avenir possible. Les possibilités d'amélioration permises par le passage tu me vois à l'action.

14 Exercices pratiques d'assimilation

Exercice de réflexion personnelle

- Quelles sont les pensées qui ont créé ce que je vis aujourd'hui ?
- Que dois-je ranger, déblayer et évacuer : objets, relations, schémas, pensées destructives ?
- Quelles nouvelles injonctions constructives puis-je mettre en place ?
- Qu'est-ce que je veux précisément voir se concrétiser dans ma vie ?

Exercice d'assimilation

Sortez l'arcane du jeu, laissez-le en évidence devant vous et consultez-le souvent. Vous pouvez également le poser sur votre table de nuit. L'important c'est de vous imprégner vraiment de cette carte.

Rappel : N'oubliez pas de noter au fur et à mesure tous les éléments offerts par votre intuition ou les circonstances du moment. Relisez régulièrement vos notes le soir.

15 Le message proposé par l'Arcane sans Nom

"Je m'autorise à me libérer des liens de mon passé, pour être en accord avec qui je suis vraiment. Je transforme ma vie et j'avance."

"Je crois qu'on ne peut mieux vivre
qu'en cherchant à devenir meilleur,
ni plus agréablement qu'en ayant la pleine conscience
de son amélioration."
Socrate

14 La Tempérance XIIII

L'Ange Tempérance : L'ange gardien, le Guide.		
L'ange fait passer le liquide d'un vase à l'autre : Les énergies circulent. Le chaud avec le froid. Le négatif avec le positif. Temporisation. Amélioration. Évolution. **Circulation des fluides :** Rétablissement de l'énergie physique. Guérison, réconciliation. Amélioration de la communication. Protection, équilibre.		**La Tempérance regarde le passé :** Sortie d'une situation. Amélioration. **La ceinture à la hauteur de l'estomac :** Équilibre émotionnel. Assurance et sérénité. **La robe de l'arcane sort de l'image à gauche :** Quitter le passé. Avancer grâce à une nouvelle énergie.

Guérison, communication, amélioration, protection

C'est le premier personnage ailé. Tempérance est un guide, un **ange gardien**. Elle verse et mélange les liquides d'un vase à l'autre. Dans ce mouvement, **les énergies s'harmonisent et s'équilibrent** : les contraires s'harmonisent. C'est l'arcane qui temporise, apaise, améliore, protège, permet les mélanges, adoucit, réconcilie, assemble.

La Tempérance annonce le **rétablissement de la santé**, de l'**équilibre mental et émotionnel**. Elle invite au recentrage sur soi. Cet arcane permet de sortir des difficultés du passé pour avancer vers un futur plus serein et plus léger.

L'évolution est progressive, active. Elle s'accompagne d'un regain d'**assurance et de sérénité.** Elle invite à faire le tri entre ce qui est bon pour soi et ce qui ne l'est plus.

L'Arcane canalise les messages du Plan Supérieur. Dans un tirage, elle témoigne d'une forte réceptivité ou d'une capacité d'intuition.

Excellente médiatrice, elle symbolise le dialogue, la coordination. Elle possède le bon sens du consensus, de la collaboration. Elle sait combiner les talents. Ses capacités d'empathie et sa communication fluide et souple contribuent à dissiper les malentendus.

La Tempérance désigne aussi au plan physique, les fluides de la circulation veineuse et artérielle.

1. Mots clés symboles / La Tempérance

Mot clés : Ange gardien, guide, protection, transformation, harmonie, équilibre retrouvé, santé, guérison, retour au calme, modération. Circulation des fluides dans le corps et celle des énergies psychiques : émotions, intuition. Communication avec l'au-delà. Médiumnité.

Aspect négatif quand l'arcane se présente renversé : À vouloir être gentil avec tout le monde, risque de manque de personnalité, de capacité à s'affirmer ou à prendre parti. Dialogue à propos de tout et de rien. Volonté de régler les soucis des autres, sans aucun recul. Émotivité excessive ou sentimentalisme exagéré. Confusion des ressentis subjectifs avec la réalité.

Le nombre 14 : 1 + 4 = 5. La paix. La communication facile et apaisée.

2. Profil psychologique / La Tempérance

Une personne qui sait communiquer. Elle a le don de rétablir l'équilibre. Elle protège chacun. Elle est positive car elle voit le bon côté des choses. Elle est capable de réconcilier des adversaires.

3. Âge/Personnages / La Tempérance

- Ange gardien, ne possédant pas d'âge terrestre.
- Un messager, un intermédiaire, un porteur de nouvelles.

4. Métiers/Secteurs d'activités / La Tempérance

Par analogie, les détails de cette carte indiquent un corps de métier précis.

- Métiers du **Soin et de la Protection** : Médecin, masseur, thérapeute, guérisseur, chaman, acupuncteur, praticien de médecines douces, énergéticien, naturopathe, médiateur.
- Métiers des études du **Ciel.**
- Métiers de la **Nature**.

5. Délais/Réponse / La Tempérance

Moyen à rapide.
Réponse favorable.

6. Planète/Signe / La Tempérance

Uranus : L'inspiration créatrice, transcendance de la personnalité, altruisme, capacité de transformation.
Verseau : Le pionnier visionnaire, l'optimisme, la liberté et l'indépendance, la vivacité d'esprit, l'altruisme, l'abnégation.

7. Lieux / La Tempérance

Dehors, le grand air, la campagne, les endroits paisibles.

8. Professionnel/Activités / La Tempérance

Prédiction

- Amélioration de la situation.

- Discussion avec une personne sachant écouter et trouver des solutions équitables pour les deux parties.

Conseils pratiques

Entamez le dialogue. Partagez vos idées et suggestions. Osez parler pour donner votre avis. Cherchez quelle autre activité vous conviendrait mieux.

Ces conseils sont les mêmes à utiliser si vous tirez les cartes pour quelqu'un.

9. Affectif/Familial / La Tempérance

Prédiction

- Belle amélioration dans les relations.
- Convivialité assurée avec des partages harmonieux.
- Réunions de famille chaleureuses.

Conseils pratiques

Prenez l'initiative. Entamez le dialogue. Si vous communiquez, la situation s'améliorera.

Ces conseils sont les mêmes à utiliser si vous tirez les cartes pour quelqu'un.

10. Matériel/Financier / La Tempérance

Prédiction

- Amélioration graduelle des revenus personnels ou professionnels.

Conseils pratiques

Profitez de ces revenus pour vous détendre et cesser de vous stresser.

Ces conseils sont les mêmes à utiliser si vous tirez les cartes pour quelqu'un.

11. Spirituel/Personnel / La Tempérance

Prédiction

- Protection spirituelle qui vous guide pas à pas.

Conseils pratiques

Faites appel plus souvent à votre Guide ou à votre Ange gardien. Aussitôt, ses forces agissent. Vous vous sentez accompagné.

Ces conseils sont les mêmes à utiliser si vous tirez les cartes pour quelqu'un.

12. Santé/Bien-être / La Tempérance

Prédiction

- Rétablissement progressif ou guérison.

Conseils pratiques

Voyagez et changez-vous les idées. Profitez de la vie. Sortez un peu plus. Invitez des amis chez vous.

La carte désigne les méridiens, les fluides, le sang, la lymphe, les énergies du corps. Offrez-vous un soin énergétique.

Ces conseils sont les mêmes à utiliser si vous tirez les cartes pour quelqu'un.

13. Communication de l'arcane avec les autres arcanes

La Tempérance indique l'amélioration d'une situation. La communication avec les autres devient plus harmonieuse.

- **Carte à gauche de la Tempérance :** Indique ce qui est en train d'évoluer.
- **Carte à droite de la Tempérance :** Ce qu'apporte cette amélioration.

14. Exercices pratiques d'assimilation

La Tempérance est une carte de protection. Prenez le temps de ressentir cet apaisement d'être guidé, protégé.

Exercice de réflexion personnelle

Cet Ange quel qu'il soit (spirituel, religieux, ou autre) me guide et me protège. J'en prends conscience. Chaque jour je découvre les petits "miracles" qui m'arrivent et je les note.

Exercice d'assimilation

Sortez l'arcane du jeu, laissez-le en évidence devant vous et consultez-le souvent. Vous pouvez également le poser sur votre table de nuit. L'important c'est de vous imprégner vraiment de cette carte.

Rappel : N'oubliez pas de noter au fur et à mesure tous les éléments offerts par votre intuition ou les circonstances du moment. Relisez régulièrement vos notes le soir.

15. Le message proposé par la Tempérance

"J'accepte de me calmer pour accueillir les messages de mes guides qui m'aident à avancer en étant plus présent à moi-même."

Exercice pratique 8

Commencez par répondre spontanément. Ensuite utilisez vos supports de cours pour répondre. Vous pourrez ainsi réviser et éventuellement corriger vos notes.

1. Myriam veut faire le point sur sa vie. Elle tire Le Pendu XII. A sa gauche une carte qu'elle retourne. C'est le Bateleur I. Selon vous quel est le sujet essentiel pour sa réflexion ?

2. Marc souhaite savoir s'il est bien dans son métier. A gauche du Pendu XII, il tire l'Amoureux VI. A quoi doit-il réfléchir ? Que lui diriez-vous ?

3. Serge veut changer de travail. Il tire l'Arcane sans Nom XIII. Que lui recommandez-vous ?

4. Margot s'inquiète. La prochaine réunion avec son patron va-t-elle bien se passer ? Elle tire La Tempérance XIIII. Que lui indiquez-vous ?

5. Marion se demande si son compagnon va rester ou bien la quitter. Elle tire deux cartes, Le Pendu XII et le Pape V. Que va faire son compagnon ?
   Dans le cas où Marion aurait tiré : l'Arcane sans Nom XIII et le Mat, que lui diriez-vous sur les intentions de son compagnon ?

6. Posez-vous une question sur un problème personnel précis. Tirez une carte. Une deuxième. Analysez la réponse du Tarot à votre question.

7. Quels arcanes indiquent une communication fluide, une entente entre des personnes, la capacité à bien communiquer ?

Exercice personnel

Je vous apprends à vous poser des questions et à faire des exercices personnels. Ces exercices ne seront pas corrigés, ils sont pour vous. Notez-les et datez-les dans votre cahier. Vous y reviendrez et vous y ajouterez les réponses au fur et à mesure.

Vous avez un projet en cours. Notez-le. Sortez le Pendu XII du jeu. Placez une des cartes déjà étudiées à gauche de cette carte. Que voyez-vous ? Examinez et écrivez en quelques mots votre projet et ce sur quoi le Tarot vous demande de réfléchir.

Correction de l'exercice 7

Si vous n'avez pas fait cet exercice, vous pouvez encore le réaliser, retrouvez-le dans votre chapitre de La Force précédent.

Il s'agit ici, comme en consultation directe de répondre à la question et uniquement à la question posée. Je vous donne des réponses courtes que vous pouvez élargir en vous référant à votre cours à la catégorie impliquée dans la question : professionnel, matériel, affectif etc.

1. **Lilou va prendre un nouveau poste. Elle est inquiète. Sera-t-elle apte à le tenir ? Elle tire la Force XI. Que lui dites-vous ?**

   Elle sera tout à fait à la hauteur de la situation et du poste.

2. **Romain se demande si Éloïse est bien investie dans leur nouvelle relation qui débute. La carte qui représente l'état d'esprit d'Éloïse est l'Hermite VIIII.** Que pensez-vous de cette carte, vers quoi Éloïse est-elle tournée ?

   Éloïse est pensive. Elle est tournée vers son passé. Elle éprouvera des difficultés à s'investir dans la relation présente.

3. **Agathe va passer un entretien. Elle souhaite savoir comment elle sera perçue. Elle tire deux cartes, la Roue de Fortune X et la Force XI. Que lui dites-vous ?**

   Elle sera perçue comme une femme vive, dynamique (X) et qui possède un bon potentiel (XI).

4. **Quel arcane parmi les 14 arcanes étudiés jusqu'ici, indique**
   - **Une bonne gestion du matériel ou des acquis ?**
     - La Papesse II.
   - **L'Administration, ou la gestion administrative, ou l'officialisation d'une situation ?**
     - La Justice VIII.
   - **Le besoin de changer d'atmosphère ou bien de reprendre sa liberté ?**
     - Le Mat.
   - **Un secret à dévoiler ?**
     - D'abord la Papesse II qui le possède, mais aussi l'Hermite VIIII qui lui le cherche et essaie de le comprendre.
   - **La réussite ?**
     - Le Chariot VII.

5. **Andrea est inquiète pour la santé de sa mère. Elle tire le Pape V. Pouvez-vous la rassurer ?**
   L'état de sa mère va s'améliorer.

6. **Louisa se demande si ses finances vont se stabiliser. Elle tire la Roue de Fortune X. Que lui dites-vous ?**
   Pas vraiment de stabilisation, mais des entrées et des sorties, comme des fluctuations.

7. **Jane veut un enfant. Quels sont les arcanes en faveur d'une grossesse possible, parmi ces 14 premiers arcanes ?**
   Papesse II, Impératrice III.

8. **Quels arcanes composent cette phrase : "Je cherche le secret" ?**
   Deux suites de cartes possibles :
   - Le Mat marche vers la Papesse II pour trouver un secret.
   - L'Hermite VIIII se retourne vers la Papesse II positionnée à gauche.

15 le Diable XV

<table>
<tr><td colspan="3">Le casque touche le haut de la carte :
Il possède la connaissance, mais il ne veut pas la partager.
Il manipule les hommes pour les dominer.</td></tr>
<tr><td>Son sexe et ses seins sont soulignés :
Nature androgyne.
Pulsions.
Animalité.

Ses ailes de chauve-souris :
L'inconscient.
L'obscurité.

Ses mains et ses pieds griffus :
Agressivité.
Instinct de domination.

Sa ceinture rouge ceint les hanches :
Importance de l'énergie sexuelle.

Son arme :
La capacité à trancher les liens.</td><td>
</td><td>Regard de face et qui louche :
Vision déformée, floue. Manœuvre pour imposer sa vision personnelle des choses et mener le monde.
Le globe étrange sous ses pattes :
Le globe terrestre.
Besoin de domination.
Soif de reconnaissance et de puissance.

Les diablotins attachés et nus :
Par prise de conscience les humains soumis vont pouvoir se libérer.</td></tr>
</table>

Matériel, argent, sexe, inconscient, dépendances

Il est à la fois **masculin et féminin.** Il vit dans le monde des ténèbres et de **l'Inconscient**. Les trois personnages sont mi-humains et mi-animaux. Ils figurent nos origines. Les racines archaïques de l'homme sont présentes dans son Inconscient.

Les deux diablotins du bas sont entravés et reliés par un nœud coulant. Ils symbolisent les **dépendances** (addictions, passions : sexe, alcool, drogues, tabac, argent...) Chacun possède le pouvoir de trancher les liens de ses dépendances. Personne ne peut le faire à la place de quelqu'un d'autre.

Le Diable révèle chez chacun, les **peurs, les interdits**, provenant de l'éducation, et des **croyances limitantes**. Il regarde en face et il louche, avec une vision floue ou bien déformée.

Il invite à jouir **de son corps et de la Vie**, mais avec modération afin que les plaisirs ne deviennent pas des dépendances.

1. Mots clés symboles / Le Diable

Mot clés : Attachement (sans amour), amitié, inconscient, argent, contrat, sexualité, adoration, magnétisme, rentrées d'argent, dons particuliers.

Aspect négatif quand l'arcane se présente renversé : Peurs, interdits, obscurité, enchaînement, pulsions, possessivité, cruauté. Pathologies psychiatriques : obsession, inceste, illusions, manipulation, dépendances. Magie et occultisme. Brutalité et machination. Mise d'autrui sous dépendance.

Nombre 15 : 1 + 5 = 6. L'amour se transforme dans la matière.

2. Profil psychologique / Le Diable

Force physique, magnétisme, manipulation, énergie, possessivité. Motivations matérielles et financières.

3. Âge/Personnages / Le Diable

- Une personne riche, matérialiste. Un tyran. Un obsédé sexuel. Une personne de pouvoir. Une personne charismatique.
- Un espion, un menteur, un manipulateur, un criminel, une personne despotique.
- Un magnétiseur, un guérisseur, un chamane...

4. Métiers/Secteurs d'activités / Le Diable

Par analogie, les détails de cette carte indiquent un corps de métier précis.

- Activités commerciales liées à **l'alcool, la drogue, le sexe.**
- Activités **occultes.**
- Activités illégales de **trafics** de toutes sortes.
- Métiers **liés à l'argent et aux finances.**

5. Délais/Réponse / Le Diable

Moyen.
Réponse favorable en ce qui concerne le matériel.

6. Planète/Signe / Le Diable

Mars : Le désir en action, la confrontation, la pulsion pour combler le manque, la violence qui en découle, l'instinct de survie.

Pluton : La métamorphose profonde, la transformation, l'Inconscient, les irruptions de souvenirs psychiques enfouis, les obsessions.

Capricorne : L'introversion, les attachements solides, le besoin d'exclusivité, la possessivité.

7. Lieux / Le Diable

- Les lieux de sensualité, de luxure, d'échanges ou de rencontres.
- Les lieux de consommation d'alcool, les bars, les discothèques, les caves.

8. Professionnel/Activités / Le Diable

Prédiction

- Contrats, rentrées d'argent.
- Personne charismatique.
- Rester objectif sans se laisser influencer.

Conseils pratiques

En ce moment vous dégagez un magnétisme personnel, les gens viennent vers vous.

Profitez-en pour dépasser vos peurs en contactant les personnes que vous craignez habituellement.

Ces conseils sont les mêmes à utiliser si vous tirez les cartes pour quelqu'un.

9. Affectif/Familial / Le Diable

Prédiction

- Relation passionnelle et/ou sexuelle.
- Personne calculatrice, intéressée par les biens matériels, l'argent ou le sexe.
- Attention : Quels que soient les moyens utilisés, pour elle, seul le résultat compte.

Conseils pratiques

Sachez identifier vos désirs et ne plus les réprimer. Ne restez pas pétrifié dans vos craintes. Veillez à garder vos distances avec cette personne.

Ces conseils sont les mêmes à utiliser si vous tirez les cartes pour quelqu'un.

10. Matériel/Financier / Le Diable

Prédiction

- Rentrée d'argent, gains.
- Contrat qui rapporte des revenus.
- Retombées financières de placements.
- Dépenses pulsionnelles liées aux sorties ou aux plaisirs immédiats.
- Si les cartes autour de cet arcane sont : La Maison Dieu XVI et/ou la Lune XVIII : risque d'être manipulé ou de se faire voler.

Conseils pratiques

Gérez-vous bien votre argent ? Faites-vous des achats compulsifs ? Intéressez-vous aux affaires qui peuvent vous rapporter.

11. Spirituel/Personnel / Le Diable

Prédiction

- Magnétisme.
- Intérêt pour la métaphysique.

Conseils pratiques

Attention ! Risque de manipulation par une personne très adroite qui manque totalement de sincérité.

Ces conseils sont les mêmes à utiliser si vous tirez les cartes pour quelqu'un.

12. Santé/Bien-être / Le Diable

Prédiction

- Bonne résistance physique.
- Problèmes de dépendance : alcool, drogue, tabac.
- Pathologies des organes sexuels.
- Pathologies en évolution : kystes, tumeurs…

Conseils pratiques

Surveillez votre consommation. Réduisez les apports toxiques. Adoptez une vie plus saine. Respectez votre corps.

Ces conseils sont les mêmes à utiliser si vous tirez les cartes pour quelqu'un.

13. Communication de l'arcane avec les autres arcanes

Le Diable indique de vivre pleinement sa vie, mais sans se mettre sous dépendance.

Le Diable regarde chacun en face comme La Balance VIII. Lui, il examine les dysfonctionnements du corps et du mode de vie.

- **Carte à gauche du Diable :** Une dépendance à quelque chose ou à une personne du passé.
- **Carte à droite du Diable :** Une dépendance à venir et qui a la même origine que celle du passé (carte de gauche) en se réactivant sous une autre forme.

14. Exercices pratiques d'assimilation

Exercice de réflexion personnelle

Le Diable nous invite à profiter de la vie matérielle et en même temps il nous met en garde contre les dépendances. Il nous demande d'être lucide avec nous-même.

Dans ce tirage il nous met en présence de nos forces vitales. Et il nous indique nos dépendances inconscientes.

- De quoi (ou de qui) est-ce que je dépends ?

- Qu'est-ce qui (ou qui) conduit ma vie ?

- Je suis l'esclave inconscient :
    - de quelle passion ?
    - de quelle dépendance ?
    - de quelle pensée obsédante ?
    - de quel besoin physique ?
    - de quel tourment ?
    - de mon mode de communication (logorrhée ou mutisme) ?
    - de quel secret (qui m'empoisonne) ?
    - de quelle loyauté familiale devenue inutile ?
    - de quel fardeau porté à la place d'autrui ?

Exercice d'assimilation

Sortez l'arcane du jeu, laissez-le en évidence devant vous et consultez-le souvent. Vous pouvez également le poser sur votre table de nuit. L'important c'est de vous imprégner vraiment de cette carte.

Rappel : N'oubliez pas de noter au fur et à mesure tous les éléments offerts par votre intuition ou les circonstances du moment. Relisez régulièrement vos notes le soir.

15. Le message proposé par le Diable

"Je m'autorise à découvrir mes dysfonctionnements inconscients. Je me libère de ce qui m'entrave aujourd'hui pour avancer dans ma vie."

16 La Maison-Dieu XVI

<table>
<tr><td colspan="3">La foudre :
Evénement qui déstabilise, mais qui invite à changer de regard sur ce qui arrive.</td></tr>
<tr>
<td>La tour de couleur chair :
Le corps physique.
Les blocages personnels.
La rigidité physique
ou psychique.
Les bâtiments.

Le somment en couronne :
Les pouvoirs et les dominations consentis.
Le mental encombré de certitudes erronées.

Les 3 fenêtres bleues :
Les ouvertures :
les 2 yeux
et le 3e œil.
L'ouverture à soi.

Les 37 bulles
3 + 7 = 10 = 1 :
Retour sur soi.
Unité intérieure.
Individualité.</td>
<td></td>
<td>Une flamme/éclair bouscule le sommet de la tour pour l'ouvrir :
Un événement extérieur déstabilisant permettra la prise de conscience.

Les personnes marchent sur les mains, la tête en bas :
Pour avancer, nouveau regard et nouvel angle.

Deux cailloux posés sur le sol :
Comme dans l'arcane du Soleil XVIIII,
ils sont les gages d'une évolution favorable.</td>
</tr>
</table>

Événement désagréable, craintes, ouverture malgré soi

Cet arcane est aussi appelé aussi « La Tour ». Le Diable XV a révélé les dépendances dont il est difficile de sortir. La tour symbolise la rigidité physique et psychique, l'enfermement et l'emprisonnement personnel.

L'arcane indique qu'un événement **inattendu et désagréable** est vécu comme une catastrophe. Suite à sa prise de conscience, il sera possible de briser le carcan des habitudes et des schémas limitants. Au moment même de cet événement, il est difficile de discerner son côté positif. Il peut être vécu comme une catastrophe, alors qu'il cache une opportunité unique d'accéder à une meilleure conscience de soi-même.

Les personnages **libérés** de leurs enfermements marchent sur les mains, la tête en bas. Cela symbolise le fait de **découvrir la situation sous un tout autre angle.**

1. Mots clés symboles / La Maison-Dieu

Mot clés : Événement désagréable qui offrira de nouvelles perspectives.

Aspect négatif quand l'arcane se présente renversé : Transformation brutale, événement désagréable, contretemps fâcheux, arrêt brutal des projets en cours, réalisations qui ne se dérouleront pas comme souhaité.

Nombre 16 : 1 + 6 = 7. La victoire par la libération.

2. Profil psychologique / La Maison-Dieu

- Une personne surprenante, désagréable, brutale, changeante et insaisissable.
- Une personne hypocrite.
- Une personne cassante.

- Une personne à laquelle il ne faut pas accorder spontanément sa confiance.

3. Âge/Personnages / La Maison-Dieu

- Pas d'âge en particulier car cet arcane décrit un événement ou une situation.

4. Métiers/Secteurs d'activité / La Maison-Dieu

Par analogie, les détails de cette carte indiquent un corps de métier précis.

- Métiers du **Bâtiment** : Démolitions et constructions.
- Métiers liés **aux Énergies** : Centrales d'électricité solaire, hydraulique etc.
- Métiers de **l'Immobilier** : Vente, achat, placements.

5. Délais/Réponse / La Maison-Dieu

Un laps de temps assez court.
Réponse défavorable.

6. Planète/Signe / La Maison-Dieu

Uranus : La révolution, l'imprévisible, le dépassement de soi, l'intuition avant-gardiste, les épreuves venant de l'extérieur.

7. Lieux / La Maison-Dieu

Bâtiment, maison, édifice, ruines, prison, hôpital, clinique, mairie, préfecture et tous les grands bâtiments.

8. Professionnel/Activité / La Maison-Dieu

Prédiction

- Evénement imprévu et désagréable au sein de l'entreprise ou de l'activité.
- Conflits au travail. Malhonnêteté ou coup bas.
- Projets contrecarrés ou reportés.

Conseils pratiques

Regardez cet événement comme une opportunité pour vous diriger vers autre chose ou pour acquérir une nouvelle compétence. Analysez la situation en prenant du recul afin d'agir ensuite avec plus de discernement.

Ces conseils sont les mêmes à utiliser si vous tirez les cartes pour quelqu'un.

9. Affectif/Familial / La Maison-Dieu

Prédiction

- Evénement désagréable. Problèmes de couple ou de famille.
- Énervement, conflits, disputes.

Conseils pratiques

Essayez de communiquer avec justesse et douceur, afin de ne pas attiser l'énervement de votre interlocuteur. Ne polémiquez pas, calmez le jeu. Reparlez-en après l'orage. Analysez cet événement dans sa bipolarité. Cherchez l'opportunité qui s'y cache.

Ces conseils sont les mêmes à utiliser si vous tirez les cartes pour quelqu'un.

10. Matériel/Financier / La Maison-Dieu

Prédiction

- Perte financière. Frais importants et imprévus.
- Somme d'argent à verser ou taxe à payer.
- Dans le cas de l'achat d'un bien, prendre en compte le coût des nombreux travaux à prévoir pour la remise en état.

Conseils pratiques

Si vous avez achat important à faire, mensualisez la facture en veillant au taux d'intérêt appliqué.

Ces conseils sont les mêmes à utiliser si vous tirez les cartes pour quelqu'un.

11. Spirituel/Personnel / La Maison-Dieu

Prédiction

- Transformation intérieure suite à un événement important et inattendu.
- Capacité à relativiser le problème en changeant d'angle de vue pour mieux comprendre.

Conseils pratiques

Réfléchissez ! Analysez les bénéfices secondaires de cet événement. Notez vos observations précises dans votre cahier.

Ces conseils sont les mêmes à utiliser si vous tirez les cartes pour quelqu'un.

12. Santé/Bien-être / La Maison-Dieu

Prédiction

- Santé fragile ou défaillante nécessitant un bilan médical.
- Bilan, examen médical ou hospitalisation.
- Accidents.
- Maladie : fièvre, épilepsie, nervosité excessive ou troubles psychiques.

Conseils pratiques

Surveillez votre état général. Il se peut que vous vous épuisiez sans penser à vous reposer. Faites un bilan de santé. Pratiquez des loisirs paisibles. Ressourcez-vous.

Ces conseils sont les mêmes à utiliser si vous tirez les cartes pour quelqu'un.

13. Communication de l'arcane avec les autres arcanes

La Maison-Dieu indique que votre situation a besoin de changer vraiment pour pouvoir évoluer. Elle se présente dans le jeu de Tarot comme une boule dans un jeu de quilles. Elle n'est pas souvent bien accueillie.

- **Carte à gauche de la Maison-Dieu :** Indique nos blocages, nos rigidités qui ont besoin de clarification.
- **Carte à droite de la Maison-Dieu :** Le conseil pour sortir de ces blocages. Regarder autrement la situation. Démonter les automatismes.

14. Exercices pratiques d'assimilation

Exercice de réflexion personnelle

La Maison-Dieu indique qu'une expérience désagréable est en cours ou va bientôt survenir et bousculer mon confort intérieur.

Ces changements seront réellement bénéfiques à terme, en dépit des apparences de bouleversement néfaste.

- Comment puis-je saisir les opportunités cachées derrière les difficultés ?
- Comment puis-je réagir positivement à cette situation ?
- Quelles leçons ai-je tirées des situations difficiles du passé ?
- Quel bouleversement dérangeant dans ma vie s'est finalement révélé positif, après mûre réflexion ?

Exercice d'assimilation

Sortez l'arcane du jeu, laissez-le en évidence devant vous et consultez-le souvent. Vous pouvez également le poser sur votre table de nuit. L'important c'est de vous imprégner vraiment de cette carte.

Rappel : N'oubliez pas de noter au fur et à mesure tous les éléments offerts par votre intuition ou les circonstances du moment. Relisez régulièrement vos notes le soir.

15. Le message proposé par la Maison Dieu

"J'accepte de me libérer de mes enfermements. Je vois les choses sous un autre angle. Je libère mon énergie créatrice."

17 l'Etoile XVII

<table>
<tr><td colspan="3">L'Étoile :
La “bonne étoile”. La protection.
Elle est associée à Vénus, l’Etoile du Berger.</td></tr>
<tr><td>7 petites étoiles et au sommet une grande étoile bicolore :
Triomphe et protection. Notre “bonne étoile”.

L’oiseau noir posé sur l’arbre :
Dimension supérieure. Messager divin. L’Étoile va traduire le message.

Elle pose un genou au sol :
Fécondité et fertilité.</td><td>
</td><td>Elle est nue :
Authenticité. Vérité.

Avec ses vases, elle reverse l’eau dans la source :
Elle agit dans le monde en transmettant à son tour.

Les arbres sont vivaces :
Énergie de régénération.

La terre est riche :
Fertilité.</td></tr>
</table>

Bonne étoile, transmission, nouveauté

Il est parfois inscrit sur l'arcane "Le Toule", en vieux français : la source ou la rivière. Elle alimente la source. Bien à sa place, **elle agit dans le monde.**

Elle excelle dans les **métiers de service** ou de **transmission des connaissances**. Elle redonne ce qu'elle a reçu. Femme de renouveau, elle permet de régénérer le flux vital, comme en témoignent les 2 arbres derrière elle.

Au-dessus d'elle, 7 petites étoiles, c'est à dire le chiffre de l'accomplissement.

Elle est **le succès** au féminin, de même que le Chariot VII est le succès au masculin.

Elle aime la nature**, elle respecte toute vie.** Elle réconcilie. Elle apporte **l'espoir**. Elle voit les choses à leur juste valeur. Sa nudité démontre qu'**elle n'a rien à cacher**. Elle est **authentique**, simple.

C'est la carte de la "bonne fée", de l'Écologie, et de tout ce qui est oeuvre réparatrice. L'Etoile s'engage dans une recherche de vérité et d'authenticité. C'est la carte de la **fertilité et de la générosité**.

1. Mots clés symboles / L'Etoile

Mot clés : Loyauté, authenticité, clairvoyance, générosité, affection, beauté, fraternité, altruisme, espoir, lumière, porte-bonheur, transmission des connaissances, joie, sympathie, espoir, nouveauté, optimisme, dons artistiques, raffinement, originalité, joie de vivre, inventivité, créativité. Vérité pure.

Aspect négatif quand l'arcane se présente renversé : L'excès d'optimisme béat prive de sens pratique et de clairvoyance pour tout ce qui se trame en secret. Risque d'être abusé dans l'excès de générosité. Risque d'avortement.

Nombre 17 : 1 + 7 = 8. Équilibre entre donner et recevoir. Selon le dictionnaire des symboles, le 17 est en rapport étroit avec le monde musical et l'harmonie des sphères.

2. Profil psychologique / L'Etoile

Loyauté, authenticité, clairvoyance, générosité, affection, beauté, fraternité, altruisme, espoir, lumière, transmission des connaissances, joie, sympathie, espoir, nouveauté, optimisme, dons artistiques, raffinement, originalité, joie de vivre, inventivité, créativité.

Cette personne vit avec une vraie confiance dans l'avenir.

3. Âge/Personnages / L'Etoile

- Une **jeune personne**.
- Une **jolie femme**. Une **amante**. Une femme qui soigne avec des remèdes naturels. Une personne qui répare tous ceux qui l'entourent.
- Une **personne créative**, qui a le sens de l'esthétique, de la mode, de la décoration.
- Décoratrice d'intérieur ou de paysages, esthéticienne, guérisseuse spirituelle.

4. Métiers/Secteurs d'activité / L'Etoile

Par analogie, les détails de cette carte indiquent un corps de métier précis.

- Métiers de **Décoration intérieure et extérieure.**

- Métiers de **Soins esthétiques et de la Coiffure.**
- Métiers **d'harmonisation du corps et des lieux.**
- Métiers de l'**Enseignement** et de la **transmission des connaissances.**

5. Délai/Réponse / L'Etoile

Pas de délai en particulier.
Réponse favorable.

6. Planète/Signe / L'Etoile

Vénus : La séduction, l'attraction, la subjectivité, l'affectivité, l'amour.
Taureau : La loyauté, la sensualité, le sens épicurien, la patience.
Balance : L'harmonie, le sens du collectif, l'esthétisme, la beauté.
Verseau : La fraternité, l'humanisme, l'altruisme, la bienveillance.

7. Lieux / L'Etoile

La campagne, la nature, les lieux apaisants, les rivières, les cours d'eau.

8. Professionnel /Activité / L'Etoile

Prédiction

- Réussite de vos entretiens, de votre activité si elle comprend une part de créativité.
- Nouveau travail ou nouvelle mission.
- Nouvelles tâches ajoutées.

Conseils pratiques

Trouvez-vous une activité nouvelle supplémentaire. Innovez, améliorez. Rendez votre activité plus attractive. Sortez des méthodes ou des idées habituelles. Explorez un de vos nouveaux talents.

Ces conseils sont les mêmes à utiliser si vous tirez les cartes pour quelqu'un.

9. Affectif ou familial / L'Etoile

Prédit

- Naissance d'une petite fille.
- Si cette carte est proche de celle représentant la personne que vous allez rencontrer : relation nouvelle avec une personne inconnue jusqu'alors.

Conseils pratiques

Osez des nouvelles rencontres en acceptant des soirées dans d'autres milieux que le vôtre. Agrandissez ainsi le cercle de vos relations et vos possibilités de rencontres.

Ces conseils sont les mêmes à utiliser si vous tirez les cartes pour quelqu'un.

10. Matériel/Financier / L'Etoile

Prédiction

- Rentrée d'argent provenant d'une source inhabituelle de revenus.
- Cadeau possible.
- Envie soudaine de dépenser de l'argent pour faire des cadeaux, ou bien se faire plaisir.

Conseils pratiques

Faites-vous plaisir. Offrez un cadeau à un enfant ou un proche.

Ces conseils sont les mêmes à utiliser si vous tirez les cartes pour quelqu'un.

11. Spirituel/Personnel / L'Etoile

Prédiction

- Rencontre va vous permettre de regarder la vie autrement et d'introduire de la nouveauté dans votre vie.
- Prémonitions.
- Période de régénération.
- Clé pour revisiter votre passé de façon bénéfique.

Conseils pratiques

Changez de milieu relationnel pour de nouvelles expériences et un nouveau regard. Promenez-vous. Reconnectez-vous à vos racines dans la nature.

Ces conseils sont les mêmes à utiliser si vous tirez les cartes pour quelqu'un.

12. Santé / L'Etoile

Prédiction

- La voie vers la guérison.
- Une bonne étoile veille sur nous.

Conseils pratiques

Soignez-vous de façon plus naturelle : plantes, cures thermales, homéopathie, aromathérapie et huiles essentielles. Offrez-vous un massage.

Ces conseils sont les mêmes à utiliser si vous tirez les cartes pour quelqu'un.

13. Communication de l'arcane avec les autres arcanes

L'Etoile indique un retour nécessaire des dons reçus vers la communauté, l'humanité. La redistribution des connaissances acquises pour assurer le bien de tous. Elle incite à la transmission, au partage des connaissances et des savoir-faire. Si vous souhaitez savoir ce que vous pourriez transmettre, faites un tirage.

- **Carte de gauche de L'Etoile :** ce que vous pourriez transmettre.
- **Carte de droite de L'Etoile :** la façon pour y parvenir.

14. Exercices pratiques d'assimilation

Exercice de réflexion personnelle

Comment allez-vous agir dans le monde. Qu'allez-vous lui offrir ? C'est en exploitant vos richesses et en les transmettant que vous allez améliorer le monde.

Ai-je conscience que tout ce que je donne, je me le donne ?

- Qu'est-ce que vous aimeriez transmettre ?
- Qu'est-ce que vous pouvez transmettre dès maintenant ?
- Comment allez-vous y parvenir ?

Exercice d'assimilation

Sortez l'arcane du jeu, laissez-le en évidence devant vous et consultez-le souvent. Vous pouvez également le poser sur votre table de nuit. L'important c'est de vous imprégner vraiment de cette carte.

Rappel : N'oubliez pas de noter au fur et à mesure tous les éléments offerts par votre intuition ou les circonstances du moment. Relisez régulièrement vos notes le soir.

15. Le message proposé par l'Etoile

"Je redonne à l'univers ce que j'ai reçu. Je transmets à mon tour mes connaissances."

Exercice pratique 9

Commencez par répondre spontanément. Ensuite utilisez vos supports de cours pour répondre. Vous pourrez ainsi réviser et éventuellement corriger vos notes.

1 - Leila demande si le prochain homme qu'elle va rencontrer fait partie de ses anciennes relations. Elle tire deux cartes, l'Empereur IIII et l'Étoile XVII. Que lui répondez-vous ?

2 - Léo a croisé Zoé, il aimerait connaître sa personnalité. Il tire deux cartes : Le Chariot VII et le Mat. Décrivez-lui Zoé en quelques mots.

3 - Sylvain attend un contrat de travail. Il tire le Diable XV et la Justice VIII. Que lui annoncez-vous ?

4 - Pierre se morfond chez lui. Il ne sait pas quoi faire de bon. Il tire deux cartes, l'Arcane sans Nom XIII et le Mat. Que lui conseillent ces cartes ?

5 - Richard aimerait savoir comment Julia voit leur avenir de couple et si elle se sent engagée avec lui. Il tire le Pape V et la Justice VIII. Que souhaite Julia ?

6 - Flora et Virginie veulent s'associer pour créer une entreprise. Elles demandent quelle doit être leur priorité. Elles tirent le Diable XV et la Maison Dieu XVI. Que leur recommandez-vous ?

9 - Grégoire demande si sa santé va s'améliorer. Il tire la tempérance XIIII. Que lui annoncez-vous ?

10 - Quelle est la dynamique de ces couples différents ?

- Pape V et la Papesse II
- Chariot VII et Étoile XVII
- Lui : Chariot VII, elle : Papesse II

11 – Éric va prêter de l'argent à Pierre. Il se demande comment Pierre va le rembourser dans les mois à venir. Il tire le Diable XV, la Maison Dieu XVI, Le Mat, L'Arcane sans Nom XIII. Que va-t-il se passer ?

Exercice personnel

Je vous apprends à vous poser des questions et à faire des exercices personnels. Ces exercices ne seront pas corrigés, ils sont pour vous.

Notez-les et datez-les dans votre cahier. Vous y reviendrez et vous y ajouterez les réponses au fur et à mesure.

Il vous est déjà arrivé de vivre un événement désagréable. Par la suite il s'est avéré bénéfique. En effet, il vous a permis de vivre mieux. Racontez en quelques mots ce que vous jugiez négatif et ce qui s'est révélé bénéfique ensuite.

La prise de conscience de votre évolution personnelle, vous aidera à mieux assurer une consultation pour un tiers.

Correction de l'exercice 8

1 - **Myriam veut faire le point sur sa vie. Elle tire Le Pendu XII. A sa gauche une carte qu'elle retourne. C'est le Bateleur I. Selon vous quel est le sujet essentiel pour sa réflexion ?**

Elle doit revoir (XII) ses réelles motivations : ses envies, son désir de créer, ce qui la dynamise. Ensuite, elle devra agir (I).

2 - **Marc souhaite savoir s'il est bien dans son métier. A gauche du Pendu XII, il tire l'Amoureux VI. A quoi doit-il réfléchir ? Que lui diriez-vous ?**

Il doit vérifier s'il se sent bien dans son métier (XII). Dans le cas contraire, il devra se diriger vers un autre secteur en lien avec ce qu'il aime faire vraiment (VI).

3 - **Serge veut changer de travail. Il tire l'Arcane sans Nom XIII. Que lui recommandez-vous ?**

Un changement radical s'annonce (XIII). Pour déterminer la nature de ce changement, il lui faudra refaire un tirage préciser quelle est la nature de ce changement.

4 - **Margot s'inquiète. La prochaine réunion avec son patron va-t-elle bien se passer ? Elle tire La Tempérance XIIII. Que lui indiquez-vous ?**

La communication entre eux est excellente. La réunion sera agréable et positive.

5 - **Marion se demande si son couple va durer. Elle tire deux cartes pour son compagnon : Le Pendu XII et le Pape V. Que va-t-il faire ?**

Son compagnon n'a pas envie de bouger (XII). Il se sent bien dans son couple (V). Le Pape V symbolise la fidélité.

Si Marion avait tiré : l'Arcane sans Nom XIII et le Mat, que lui auriez-vous dit ? Il va la quitter.

6 - **Posez-vous à vous-même une question précise sur un problème personnel. Tirez une carte. Une deuxième. Analysez la réponse du Tarot.**

7 - Quels arcanes indiquent une communication fluide, une entente entre des personnes, la capacité à bien communiquer ?

L'Impératrice III, pour sa capacité à dialoguer. La Tempérance XIIII, pour sa communication souple et attentive.

Exercice personnel

Je vous apprends à vous poser des questions et à faire des exercices personnels. Ces exercices ne seront pas corrigés, ils sont pour vous. Notez-les et datez-les dans votre cahier. Vous y reviendrez et vous y ajouterez les réponses au fur et à mesure.

Vous avez un projet en cours.

Notez-le. Sortez le Pendu XII pour prendre le temps de réfléchir. Tirez ensuite une des cartes déjà étudiées et placez-la à gauche du Pendu XII.

Développez en quelques mots votre projet. Notez ce que le Tarot vous enseigne pour aider à votre réflexion.

Vous avez une question personnelle.

Posez votre question. Tirez une carte, puis une deuxième. Regardez les réponses à votre question. Notez et datez-les. Vous vérifierez ensuite la justesse de vos prédictions et de vos conseils.

"Je crois qu'on ne peut mieux vivre
qu'en cherchant à devenir meilleur,
ni plus agréablement qu'en ayant la pleine conscience
de son amélioration."
Socrate

18 La Lune XVIII

<table>
<tr><td colspan="3">La lune regarde à gauche :
Elle est tournée vers le passé, la vie intérieure, la mémoire.</td></tr>
<tr>
<td>19 gouttelettes remontent de la terre vers la lune :
L'arcane suivant c'est le Soleil XVIIII.
Les soucis et les difficultés trouveront leur résolution.
Ce qui remonte de l'Inconscient pourra être mis en lumière avec le Soleil XVIIII.

En bas l'écrevisse transparaît dans le bassin :
Un événement se prépare dans l'ombre.
Une part d'inconscient refait surface.
Révélation à venir.</td>
<td>
</td>
<td>Les 2 tours :
L'espace entre le monde invisible (inconscient) et le monde visible (conscient).
Dualité entre conscient et inconscient.

Les deux chiens :
La nature primitive et animale.
La peur devant l'inconnu.
La dualité intérieure qui perturbe.

Les chiens gobent les gouttes qui montent vers la Lune :
Ils se nourrissent des émotions.</td>
</tr>
</table>

Réceptivité, intuition, incertitudes, féminin

La Lune, archétype **féminin**, est dessinée dans sa phase croissante. Elle est tournée vers les mémoires du passé. Elle est la réceptivité, **l'intuition**, la **fécondité** et la **créativité**. Les gouttes c'est la remontée des émotions vers le conscient. L'arcane représente la **vie intérieure** et **la mémoire des événements.** Elle interpelle le consultant sur sa relation au principe féminin, à la mère, à l'enfance et la vie in utero.

Les 19 gouttes en ascension vers l'astre évoquent le Soleil XVIIII. Avec le temps, **les soucis et difficultés vont trouver leur résolution**. ''*Après la pluie, le beau temps*''.

L'écrevisse indique qu'un élément inconscient remonte à la surface du conscient. Tant qu'il n'a pas été identifié ou compris, le stress va perdurer.

Les deux tours rappellent la Maison-Dieu. Les deux chiens qui hurlent dans la nuit témoignent de la division, de la **dualité.**

L'émergence des émotions et des souvenirs, n'est pas confortable.

1. Mots clés symboles / La Lune

Mots clés : Inconscient, émotions, intuition, prémonitions. Mère, principe féminin, gestation, créativité, sensualité. Rêves, analyse des rêves, nuit. Vérité à découvrir, secret, divination, magnétisme. Poésie. Clientèle.

Aspect négatif quand l'arcane se présente renversé : Folie, larmes, manque de réalisme, crédulité, terreurs nocturnes, incompréhension, nostalgie, dépression, solitude, déséquilibre, angoisses, peur de l'abandon.

Caractère lunatique et problèmes psychiques. Danger non palpable. Danger dans l'eau. Escroquerie, vol.

Nombre 18 = 8 + 1 = 9. La Lune ramène à l'Hermite VIIII : dans sa quête, il doit aller de l'ombre vers la lumière.

2. Profil psychologique / La Lune

- Une personne créative, maternante.
- Une personne intuitive, medium, sensible, perméable aux émotions, très empathique.

3. Âge/Personnages / La Lune

- Pas d'indication d'âge.
- Psychologue, pédiatre, infirmier(e), puéricultrice, mère.
- Médium, voyant.
- Artiste : poète, musicien, acteur.
- Radiologue ou technicien d'imagerie médicale.

4. Métiers/Secteurs d'activité / La Lune

Par analogie, les détails de cette carte indiquent un corps de métier précis.

- Métiers d'**Imagerie Médicale.**
- Métiers exercés dans l'**eau ou avec l'eau.**
- Activités liées au **Commerce.**
- Activités liées à la **médiumnité.**
- **Activités artistiques.**

5. Délais/Réponse / La Lune

Neutre en ce qui concerne les délais.
Réponse négative.

6. Planète/Signe / La Lune

Lune : L'aspect maternel, la fécondité, la réceptivité, la capacité à se relier à l'inconscient et à l'intuition.
Cancer : L'empathie, l'amabilité, le romantisme, l'intuition, le calme et l'intégrité.

7. Lieux / La Lune

Les lieux humides et sombres : marécage, étang, mer, rivière, lac, mare.

Un laboratoire, une chambre, de nuit.

Un service de pédiatrie, de gynécologie, de radiologie, un cabinet de psychologie.

8. Professionnel/Activité / La Lune

Prédiction

- Période d'inquiétude devant les incertitudes.
- Dans le travail : comportements inquiétants de collègues.
- Personnes au comportement manipulateur dont il faut se méfier.
- Réussite pour toutes les activités qui sont en lien avec une clientèle.

Conseils pratiques

La prudence s'impose. Attention aux paroles qui peuvent être mal interprétées. Éclaircissez la situation en recherchant d'autres informations.

Ces conseils sont les mêmes à utiliser si vous tirez les cartes pour quelqu'un.

9. Affectif/Familial / La Lune

Prédiction

- Naissance.
- Grossesse.

Conseils pratiques

Faites une bonne analyse du passé, au lieu de cultiver la nostalgie et le ressentiment. Le présent offre de nouvelles opportunités dont vous pouvez aussi vous réjouir.

Ces conseils sont les mêmes à utiliser si vous tirez les cartes pour quelqu'un.

10. Matériel/Financier / La Lune

Prédiction

- Période d'incertitude au niveau des finances.
- En cas d'achat important, attention à ne pas se faire escroquer.
- Contrats trop vagues.

Conseils pratiques

Soyez prudent dans vos achats, consultez auparavant plusieurs avis.

Ces conseils sont les mêmes à utiliser si vous tirez les cartes pour quelqu'un.

11. Spirituel/Personnel / La Lune

Prédiction

- Période de tristesse ou d'inquiétude.
- Retours incessants sur le passé.

Conseils pratiques

Essayez de comprendre ce qui arrive. Identifiez ce qui vous bloque au sujet de ce souvenir récurrent. Ne laissez pas le mal-être vous envahir. Faites-vous aider dans ce travail intérieur.

Ces conseils sont les mêmes à utiliser si vous tirez les cartes pour quelqu'un.

12. Santé/Bien-être / La Lune

Prédiction

- États dépressifs, anxiété, peur, larmes,
- Rétention d'eau, œdèmes.
- Problèmes dans le comportement alimentaire.
- Troubles du sommeil.
- Troubles féminins : problèmes de fécondité ou de cycle.

Conseils pratiques

Surveillez et équilibrez votre alimentation.

Ressourcez-vous dans l'eau, soins de thalassothérapie.

Ces conseils sont les mêmes à utiliser si vous tirez les cartes pour quelqu'un.

13. Communication de l'arcane avec les autres arcanes

La Lune invite à explorer l'intuition, à noter les rêves, à lire le Tarot, à écouter les ressentis.

- **Carte à gauche de la Lune :** La préoccupation du moment, la nature du ressenti ou de l'intuition.
- **Carte à droite de la Lune :** Une piste de réflexion pour avancer.

14. Exercices pratiques d'assimilation

Exercice de réflexion personnelle

- Quels sont mes rêves, mes désirs ?
- Est-ce que je me fie assez à mon intuition ?
- Quelles sont mes émotions récurrentes ?

Exercice d'assimilation

Sortez l'arcane du jeu, laissez-le en évidence devant vous et consultez-le souvent. Vous pouvez également le poser sur votre table de nuit. L'important c'est de vous imprégner vraiment de cette carte.

Rappel : N'oubliez pas de noter au fur et à mesure tous les éléments offerts par votre intuition ou les circonstances du moment. Relisez régulièrement vos notes le soir.

15. Le message proposé par la Lune

"J'accepte de recevoir les messages de mon inconscient. Je les écoute et j'agis."

19 Le Soleil XVIIII

<table>
<tr><td colspan="3">Le soleil :
Le masculin, l'homme, le père.
Sa dimension est importante. Il occupe la moitié de l'arcane. Réussite.</td></tr>
<tr>
<td>16 Rayons droits et 8 rayons qui dansent = 16 :
Le travail de prise de conscience effectué en maison XVI, pour un retour au rayonnement.

13 gouttes :
L'Arcane XIII, sans Nom c'est la transformation, celle qui permet de trouver la joie et de rayonner.

Les 2 enfants se touchent :
Gémellité. Amitié, fraternité.
Protection, entente, respect mutuel.

Le petit mur du fond :
Les obstacles à venir
sont franchissables.</td>
<td>
</td>
<td>Le cou des deux enfants porte la trace des cordes des deux diablotins de l'arcane le Diable XV :
Sortie des difficultés.
Retour au conscient, à la lumière.
Travail intérieur réalisé.

Les 2 cailloux au sol
Déjà présents dans la Maison Dieu XVI :
Après les épreuves, prise de conscience.
Actions posées.
Accession au bien-être intérieur et avec autrui.</td>
</tr>
</table>

Rayonnement, association, construction, masculin

L'astre brille et regarde en face. Il indique **le succès, la réussite.** Il est aussi une image masculine, celle du **père**. Voici le changement qui permet de savourer la réussite, de mieux vivre et de rayonner.

Après les soucis et les difficultés vécus avec l'arcane le Diable XV et la Maison Dieu XVI, instant de paix et de réussite. **C'est l'étape de la reconstruction.**

Arcane de la vie sociale, **du rayonnement**, du charisme. Il indique l'état intérieur ou bien comment la personne est perçue en société.

Les deux jeunes enfants ont les gestes amicaux d'une **relation d'entraide**, de fraternité ou de gémellité *(main sur l'épaule et main sur le plexus solaire)*.

Les marques autour du cou des enfants, montrent qu'ils sont sortis du monde de l'inconscient pour celui du conscient et de la lumière. **Le travail intérieur est réalisé.**

Cette carte symbolise la **réussite**, le soleil, la **conscience**, la consolidation amoureuse, la **solidarité**.

1. Mots clés symboles / Le Soleil

Mot clés : Amour, entraide, union, association, réussite, notoriété. Chaleur, soleil, sècheresse, moisson abondante. Joie, beauté, gémellité, fraternité, père idéal, idéalisé ou absent. Conscience, éveil, rayonnement. Abondance. Plexus solaire.

Aspect négatif quand l'arcane se présente renversé : Vouloir paraître, personnage social de façade, manque d'authenticité.

Nombre : 19 = 1 + 9 = 10 = 1 + 0 = 1. Nouveau cycle. Une énergie masculine. Un élan créateur. Une reconnaissance sociale. Éveil à une conscience supérieure.

2. Profil psychologique / Le Soleil

- Personne qui sait positiver et réussir, qui est agréable, joviale, créative.
- Optimisme, dignité, fierté, bienveillance, générosité, sincérité.

3. Âge et personnages / Le Soleil

- Des adultes ou de jeunes adultes.
- Cardiologue. Décoratrice. Animateur de plein air, de centre de vacances. Vendeur d'or ou de bijoux.
- Les personnes qui sont en lien avec ce qui concerne la beauté, les vacances, les loisirs, le luxe.

4. Métiers/Secteurs d'activité / Le Soleil

Par analogie, les détails de cette carte indiquent un corps de métier précis.

- Métiers de **loisirs, de jeux** de plein air.
- Métiers de la **plage et des vacances.**
- Métiers avec des **métaux et pierres précieuses**.
- Métiers du **Luxe.**

5. Délais/Réponse / Le Soleil

Délais courts si la carte arrive en début de jeu.
Réponse positive.

6. Planète/Signe / Le Soleil

Soleil : L'autorité sociale, les créations, le succès, la notoriété, l'affirmation de soi.
Lion : L'expansion, l'exubérance, l'ambition, la générosité, le besoin de réussite.

7. Lieux / Le Soleil

Les lieux chauds, le plein air, la plage, le sable, les vacances, les pays chauds ou régions chaudes.

8. Professionnel/Activités / Le Soleil

Prédiction

- Réussite d'un projet en cours.
- Bonne association ou bonne entente.
- Bon partenariat professionnel avec des prestataires.
- Signature d'un contrat.
- Période de prospérité pour l'entreprise.

Conseils pratiques

Vous avez fait le bon choix. Profitez de cette heureuse perspective pour avancer sur les chemins de la réussite.

9. Affectif/Familial / Le Soleil

Prédiction

- Belle rencontre.
- Joie familiale.
- Rencontre importante.

- Vacances pour se retrouver entre amis ou en couple.

Conseils pratiques

Profitez de ces instants agréables.
Ces conseils sont les mêmes à utiliser si vous tirez les cartes pour quelqu'un.

10. Matériel/Financier / Le Soleil

Prédiction

- Réussite financière ou matérielle.
- Excellent partenariat.

Conseils pratiques

La période est prospère. Profitez-en tout en restant vigilant.
Ces conseils sont les mêmes à utiliser si vous tirez les cartes pour quelqu'un.

11. Spirituel/Personnel / Le Soleil

Prédiction

- Rencontre bénéfique.
- Belle amitié.
- Relation de type "âmes sœurs".

Conseils pratiques

Faites confiance à autrui. Partagez et vous recevrez en retour. Sortez de votre isolement, de vos habitudes.
Ces conseils sont les mêmes à utiliser si vous tirez les cartes pour quelqu'un.

12. Santé/Bien être / Le Soleil

Prédiction

- Retour à la santé.
- Indique les pathologies cardiaques, l'état de l'énergie vitale et physique, le plexus solaire.

Conseils pratiques

Pensez à profiter de la vie. Constatez l'abondance autour de vous au lieu de vous focaliser sur les manques. Appréciez votre belle vitalité.

Ces conseils sont les mêmes à utiliser si vous tirez les cartes pour quelqu'un.

13. Communication de l'arcane avec les autres arcanes

Le Soleil indique vos associations et la force de votre rayonnement ou de votre charisme.

Le soleil vous regarde pour vous montrer votre propre rayonnement. Dans son rayonnement, il apporte la positivité et la réussite aux cartes qui l'entourent.

– **Carte à gauche du Soleil :** Ce que vous venez de réussir ou une situation qui se termine bien.
– **Carte à droite du Soleil :** Ce qui va bénéficier du rayonnement de la réussite.

14. Exercices pratiques d'assimilation

Exercice de réflexion personnelle

Le Soleil vous met en relation avec les valeurs sur lesquelles votre nouvelle réussite est en train de se construire.

- Dans quel domaine êtes-vous reconnu ?
- Dans quel domaine souhaiteriez-vous développer vos compétences ?
- Quels sont vos vrais amis et pour qui êtes-vous un ami authentique ?

Exercice d'assimilation

Sortez l'arcane du jeu, laissez-le en évidence devant vous et consultez-le souvent. Vous pouvez également le poser sur votre table de nuit. L'important c'est de vous imprégner vraiment de cette carte.

Rappel : N'oubliez pas de noter au fur et à mesure tous les éléments offerts par votre intuition ou les circonstances du moment. Relisez régulièrement vos notes le soir.

15. Le message proposé par le Soleil

"J'accepte maintenant de profiter des joies de la vie avec tout ce que mon avancée personnelle me permet d'être aujourd'hui."

Exercice pratique 10

1 – Pour décrire la personnalité de Mélanie, vous tirez 3 cartes : La Papesse II, L'Hermite VIIII, la Lune XVIII. Décrivez Mélanie.

2 - François demande comment son commerce va évoluer. Il tire la Maison Dieu XVI, l'Arcane sans Nom XIII et le Soleil XVIIII. Que lui prédisez-vous ?

3 - Jérémy veut savoir s'il va vendre son bien. Il tire la Justice VIII et le Soleil XVIIII. Que lui répondez-vous ?

4 - Joachim demande si son entretien d'embauche va déboucher sur un recrutement dans le mois qui vient. Il tire le Bateleur I. Que lui dites-vous ?

5 - Emmanuelle veut savoir si elle va faire la formation professionnelle prévue ce mois-ci. Elle sort L'Hermite VIIII et le Pendu XII. Que lui dites-vous au sujet du délai ?

6 - Adeline aimerait savoir si elle va recevoir sa prime annuelle. Elle tire le Diable XV et le Soleil XVIIII. Que lui annoncez-vous ?

7 - Eva aimerait savoir si Charles est heureux dans leur relation. Elle tire le Soleil XVIIII. Que lui dites-vous ?

8 - Alexandre et Vanessa souhaitent savoir s'ils vont bientôt sortir de leur situation financière difficile. Ils tirent le Jugement XX et le Soleil XVIIII. Que leur annoncez-vous ?

9 - Quel arcane représente :

- Le mot "découverte" ?
- Le mot "nouveauté" ?

10 - Quelles lames indiquent des délais importants ?
11 - Quelles sont les 3 cartes qui indiquent la relance possible d'un projet ?

Correction exercice 9

Il s'agit ici, comme en consultation directe de répondre à la question et uniquement à la question posée. Je vous donne des réponses courtes que vous pouvez élargir en vous référant à ce guide à la catégorie impliquée dans la question : professionnel, matériel, affectif etc.

1. **Leila demande si le prochain homme qu'elle va rencontrer fait partie de ses anciennes relations. Elle tire deux cartes, l'Empereur IIII et l'Étoile XVII. Que lui répondez-vous ?**
   Le prince charmant (IIII) à venir ne fait pas partie de ses anciennes connaissances. Elle ne le connait pas du tout (XVII).

2. **Léo a croisé Zoé, il aimerait connaître sa personnalité. Il tire deux cartes : Le Chariot VII et le Mat. Décrivez-lui Zoé en quelques mots.**
   Elle est tonique, dynamique. Elle aime la vie et c'est une femme positive (VII). Elle n'apprécie pas les contraintes. Elle peut faire volte-face et le quitter si la relation ne lui convient pas (Le Mat). Elle est cependant sincère. Si elle est avec lui c'est parce qu'elle se sent bien (VII). Elle vit dans le présent (Le Mat).

3. **Sylvain attend un contrat de travail. Il tire le Diable XV et la Justice VIII. Que lui annoncez-vous ?**
   Argent, finances (XV) avec contrat (VIII) : Sylvain va obtenir un contrat de travail rémunéré.

4. **Pierre se morfond chez lui. Il ne sait pas quoi faire de bon. Il tire deux cartes, l'Arcane sans Nom XIII et le Mat. Que lui conseillent ces cartes ?**
   Ne pas rester enfermé (XIII) Sortir, prendre l'air, se promener (le Mat).

5. **Richard aimerait savoir comment Julia voit leur avenir de couple et si elle se sent engagée avec lui. Il tire le Pape V et la Justice VIII. Que souhaite Julia ?**
   La stabilité (V) et peut-être même une union plus officielle de type mariage (VIII).

6. **Flora et Virginie veulent s'associer pour créer une entreprise. Elles demandent quelle doit être leur priorité. Elles tirent le Diable XV et la Maison Dieu XVI. Que leur recommandez-vous ?**
   Gérer la partie financière et matérielle (XV) et vérifier leur structure professionnelle : les bâtiments et le montage de l'entreprise (XVI). Les deux cartes associées indiquent qu'il peut y avoir un souci financier pour le montage et pour la pérennité de cette affaire.

7. **Grégoire demande si sa santé va s'améliorer. Il tire la tempérance XIIII. Que lui annoncez-vous ?**
   Oui. La Tempérance XIIII est favorable et indique les rétablissements.

8. **Quelle est la dynamique de ces couples différents ?**
   - **Pape V et la Papesse II**
     Un couple tranquille qui apprécie les petites habitudes en commun, le besoin d'être ensemble, avec tranquillité. Un couple mature ou d'âge mur. La vie sexuelle n'est pas la priorité.

- **Chariot VII et Étoile XVII**
  Un couple d'amants, d'amoureux qui ont un bon équilibre sexuel et qui s'épanouissent ensemble. Ils sont vifs, joyeux, dynamiques et créatifs. Ils profitent sainement de la vie.

- **Lui : Chariot VII et elle, Papesse II**
  Lui (VII) regrette le manque de désir de sa conjointe (II). Ils n'ont pas les mêmes besoins. Elle apprécie de vivre tranquillement sa vie (II). Lui veut bouger et rencontrer d'autres personnes, avoir des loisirs et des activités en dehors de son couple (VII).

  Cela ne les empêchera pas de bien fonctionner si la communication est bonne et s'ils s'aiment.

9. **Éric va prêter de l'argent à Pierre. Il se demande comment Pierre va le rembourser dans les mois à venir. Il tire le Diable XV, la Maison Dieu XVI, Le Mat, L'Arcane sans Nom XIII. Que va-t-il se passer ?**
   La succession des arcanes indique : argent (XV), ennui (XVI), départ, coupure ou perte (XIII). Pierre ne parviendra pas à rembourser son ami Éric dans les mois à venir.

Exercice personnel

Je vous apprends à vous poser des questions et à faire des exercices personnels. Ces exercices ne seront pas corrigés, ils sont pour vous. Notez-les et datez-les dans votre cahier. Vous y reviendrez et vous y ajouterez les réponses au fur et à mesure.

Il vous est déjà arrivé de vivre un événement désagréable. Par la suite il s'est avéré bénéfique. En effet, il vous a permis de vivre mieux. Racontez en quelques mots ce que vous jugiez négatif et ce qui s'est révélé bénéfique ensuite.

La prise de conscience de votre évolution personnelle, vous aidera à mieux assurer une consultation pour un tiers.

"Ne laissez personne venir à vous
qui ne reparte meilleur et plus heureux."
Mère Teresa

20 Le Jugement XX

<table>
<tr><td colspan="3">L'ange sonneur :
Il occupe les deux tiers de la carte. Bonne nouvelle. Éveil de la conscience.</td></tr>
<tr>
<td>La trompette de l'ange : Le message est proclamé. Discussions, nouvelles. Révélation. Découverte.

En bas, le personnage central semble sortir d'une tombe : Résurrection. Réalisation.

Le couple qui l'entoure, un homme et une femme en prière : Accepter la transmission des ascendants.</td>
<td></td>
<td>Les rayons sortent du nuage vers la terre : Force du message du plan Supérieur. Connexion entre le ciel et la terre.

Le sol est vallonné : Le chemin n'est pas facile. Hauts et bas se succèdent pour accéder à la dimension spirituelle.</td>
</tr>
</table>

Bonne nouvelle, surprise, émergence, renaissance

L'ange regarde en face. Il souffle dans sa trompette. Il proclame la **renaissance.** Passer de la mort à la vie. Les rayons qui l'entourent sont dirigés vers les trois personnages. Ils connectent les hommes **au Plan Supérieur.** La bonne nouvelle : **un éveil de la conscience**, une ouverture, une évolution, **une résurrection**.

Le couple symbolise la réunification du féminin et du masculin. Le ressuscité prouve que le travail intérieur est réalisé. Sa renaissance annonce la fin du chemin initiatique débuté par Le Mat avec la lame du Bateleur (I) qui démarre le Tarot. Le temps est venu de **l'accomplissement**, de la victoire dans tous les domaines.

Le tombeau relie aux lignées : aux ancêtres, à l'histoire familiale.

Cet arcane annonce les naissances, la **renaissance, le renouveau. Les bonnes nouvelles.** La reconnaissance. Le coup de cœur et le coup de foudre. C'est la carte des transformations inattendues et rapides, des **événements positifs**, de la **vérité annoncée**, des événements importants.

Elle évoque également **le son** *(la trompette)*, **les clameurs, le bruit** et par analogie, les rumeurs, les discussions, les nouvelles et les histoires racontées.

L'horizon est tourmenté. "*La vie n'est pas un long fleuve tranquille*".

1. Mots clés symboles / Le Jugement

Mot clés : Bonne nouvelle, événement inattendu agréable. Vocation, guérison physique ou spirituelle. Transformation. Renaissance. Naissance. Rénovation. Célébrité, popularité. Le passé revient de façon positive. Beaucoup de bruit. Nouvelles proclamées à tous. Indiscrétion. Héritages, souvenirs.

Aspect négatif quand l'arcane se présente renversé : Difficulté à renaître et à surmonter les difficultés du moment. Rumeurs.

Nombre : **20 = 2 + 0 = 2.** Le secret non révélé par la Papesse (II) l'Inconscient s'exprime ici. Il fallait d'abord accéder à l'Inconscient et à ses secrets. Il s'agit maintenant de les ramener au plan conscient.

2. Profil psychologique / Le Jugement

- Une personne tonique, démonstrative, positive, enjouée, dynamique et au discours positif.
- Une femme de pouvoir et de communication. Passionnée, elle possède une belle énergie intérieure.

3. Âge/Personnages / Le Jugement

Politicien. Personne qui aide autrui à résoudre les difficultés, qui exhorte les troupes ou les équipes. Le souffle de la trompette rappelle les personnes qui ont un métier en relation avec l'air.

4. Métiers/Secteurs d'activité / Le Jugement

Par analogie, les détails de cette carte indiquent un corps de métier précis.

- Métiers de la **Voix,** du souffle, de la respiration. Les textes lus ou déclamés. Le chant.
- Métiers en lien avec les **Cimetières** et les lieux de sépultures.
- Métiers liés à la **Recherche** : Archéologie, généalogie, psychogénéalogie.

5. Délais/Réponse / Le Jugement

Lame rapide.
Réponse positive.

6. Planète/signe / Le Jugement

Pluton : La métamorphose profonde, la régénération, la force de transformation, la renaissance.
Scorpion : La force de caractère, la conscience spirituelle, les crises existentielles, la capacité de transformation, la volonté.

7. Lieux / Le Jugement

Tous les lieux extérieurs, le plein air, les endroits dans lesquels on peut proclamer ou déclamer une parole, le théâtre, les places publiques, les foires-expositions.

8. Professionnel/Activité / Le Jugement

Prédiction

- Excellente nouvelle.
- Bilan qui permet de trouver enfin sa voie, sa vocation.

Conseils pratiques

Valorisez vos compétences et votre potentiel. La période vous est favorable.

Dans votre activité, commencez par accomplir les tâches qui vous permettent de mieux vous diriger vers ce que vous souhaitez vraiment.

Ces conseils sont les mêmes à utiliser si vous tirez les cartes pour quelqu'un.

9. Affectif/Familial / Le Jugement

Prédiction

- Bonne nouvelle en famille.
- Bons moments à passer avec les proches.
- Nouvelles de personnes éloignées.
- Joyeuses retrouvailles.
- Rencontre d'une personne apportant un renouveau.

Conseils pratiques

Profitez bien de ces moments de remémoration. Souvenirs souvent amusants et agréables.

Prenez soin du lien père/mère/enfant. Organisez des sorties familiales.

Ces conseils sont les mêmes à utiliser si vous tirez les cartes pour quelqu'un.

10. Matériel/Financier / Le Jugement

Prédiction

- Bonne nouvelle financière.
- Amélioration ou rénovation d'un bien.

- Bonne nouvelle concernant un dossier en cours, une demande financière ou un bien.

Conseils pratiques

Profitez de ce nouvel événement et de votre belle énergie pour relancer un projet et agir.

Ces conseils sont les mêmes à utiliser si vous tirez les cartes pour quelqu'un.

11. Spirituel/Personnel / Le Jugement

Prédiction

- Rencontre qui insuffle une nouvelle dynamique personnelle.
- Développement de la confiance en son propre potentiel pour mener les projets.

Conseils pratiques

Rénovez un lieu, une pièce pour vous y sentir bien.

Rejoignez une équipe caritative pour motiver les personnes sur leurs projets.

Cherchez activement des informations si un certain souvenir vous obsède.

Ces conseils sont les mêmes à utiliser si vous tirez les cartes pour quelqu'un.

12. Santé/Bien-être / Le Jugement

Prédiction

- Guérison.
- Diagnostic.

Conseils pratiques

Vivez dans la joie et l'exultation de cette nouvelle dimension de vous-même. Exprimez-vous !

Ces conseils sont les mêmes à utiliser si vous tirez les cartes pour quelqu'un.

13. Communication de l'arcane avec les autres arcanes

Le Jugement symbolise une résurrection, une transformation intérieure. Dans un tirage, il rassure et annonce la sortie des difficultés.

- **Carte à gauche du Jugement :** La situation précédente qui posait un problème.
- **Carte à droite du Jugement :** Ce qui s'annonce, le renouveau.

14. Exercices pratiques d'assimilation

Exercice de réflexion personnelle

Prenez conscience du travail accompli.

Observez quel schéma ou quel problème intérieur vous avez éliminé

Prenez bien conscience de cette victoire. Remerciez.

Exercice d'assimilation

Sortez l'arcane du jeu, laissez-le en évidence devant vous et consultez-le souvent. Vous pouvez également le poser sur votre table de nuit. L'important c'est de vous imprégner vraiment de cette carte.

Rappel : N'oubliez pas de noter au fur et à mesure tous les éléments offerts par votre intuition ou les circonstances du moment. Relisez régulièrement vos notes le soir.

15. Le message proposé par le Jugement

"Je reste à l'écoute des messages de mon intuition, pour me relier à ma propre spiritualité. Je découvre les richesses de ma vie. Je remercie."

21 Le Monde XXI

<table>
<tr><td colspan="3">Victoire des trois mondes :
Physique, mental et spirituel. L'accomplissement, la perfection, l'excellence.</td></tr>
<tr>
<td>L'ange et les animaux symboliques aux 4 coins de l'arcane :
Les 4 éléments : Air, Eau, Terre, Feu.
Réalisation des potentialités.

L'ange, l'aigle et le lion sont auréolés :
Leurs énergies sont sublimées au Plan Supérieur.

La mandorle, l'œuf alchimique de la connaissance universelle.
Elle est en feuilles de laurier :
La réussite, les honneurs et le rayonnement.</td>
<td>
</td>
<td>Dans la main gauche
du personnage central,
la baguette du Bateleur I :
Les capacités présentes chez le Bateleur sont arrivées à réalisation.
Toutes les étapes ont été franchies.

Les jambes croisées
comme chez l'Empereur IIII et le Pendu XII :
Concentration des forces et des énergies.
Réussite.</td>
</tr>
</table>

Succès, réalisation, consécration

La femme au centre danse, elle est nue, débarrassée du paraître égotique. Les lauriers symbolisent la **réussite** dans les domaines évoqués par les sujets des 4 coins de l'arcane. La **réussite intellectuelle,** c'est l'Aigle *(présent chez l'Impératrice III et l'Empereur IIII).* La **réussite par les compétences,** c'est le Lion *(présent dans la Force XI).* **La renaissance,** c'est l'Ange (*présent dans le Jugement XX).* Et **la réussite dans les actions**, c'est le Cheval (*présent dans le Chariot VII).*

Les 4 sujets sont aussi les 4 éléments : la terre, l'air, l'eau et le feu.

La femme tient dans sa main gauche la baguette du Bateleur (I). Les potentialités du Bateleur (I) arrivent à réalisation. Ses jambes croisées rappellent celles de l'Empereur (IIII) et du Pendu (XII) : Concentration des forces et des énergies. L'action et la réflexion l'ont conduite à la réussite. Sa nudité : la **réussite sans artifice**. Elle n'est plus centrée sur son ego, mais sur son **Être.** Elle s'est réalisée. Sa couleur chair symbolise la capacité à **bien réussir sa vie** sur le plan humain.

Cet arcane annonce l'arrivée au monde, la naissance physique, la renaissance symbolique ou spirituelle. L'arcane indique la capacité de faire interagir pour un projet commun, de rassembler les compétences.

1. Mots clés symboles / Le Monde

Mots clés : Accomplissement, réalisation, consécration, œuvre accomplie, accouchement, expansion, renommée.

Aspect négatif quand l'arcane se présente renversé : Égocentrisme, enfermement, névrose d'échec.

Nombre 21 = 2 + 1 = 3. Selon la Bible, le nombre de la perfection par excellence.

21 : l'inverse du 12, l'arcane retourné (Le Pendu XII). L'accomplissement, la perfection, l'excellence.

3 x 7 : la sagesse divine, la Sagesse 7, Trinitaire 3.

3 x 7 : la victoire, l'union des 3 mondes : physique, mental et spirituel.

2. Profil psychologique / Le Monde

– Une personne charismatique, qui communique bien, qui est capable de se réaliser tout en dynamisant les personnes autour d'elle. Elle possède un fort rayonnement. C'est un leader.

3. Âge/Personnages / Le Monde

- Jeune adulte, adulte.
- Pas d'âge physique quand il s'agit d'un événement en particulier.
- Un étranger, une personne d'une autre région.
- Une personne au charisme fort ou bien d'un rang social élevé ou bien très riche, une personne influente, un leader, un haut fonctionnaire, un grand philosophe ou un maître spirituel.
- Une personne célèbre.

4. Métiers/Secteurs d'activités / Le Monde

Par analogie, les détails de cette carte indiquent un corps de métier précis.

- Métiers en relation avec les **pays étrangers et les langues étrangères.**
- Métiers en lien avec la **Terre et le Cosmos.**

- Métiers de **Gouvernement :** présidents, rois, ministres. Leaders d'organisations à échelle nationale ou internationale.

5. Délais/Réponse / Le Monde

Délais assez rapides.
Réponse positive.

6. Planète/signe / Le Monde

Saturne : La sagesse, l'esprit de recherche continuelle, la patience. La renaissance spirituelle, la reconstruction, l'abondance, la fécondité.
Le Soleil de chacun des 12 signes.

7. Lieux / Le Monde

Tous les lieux extérieurs

8. Professionnel/Activités / Le Monde

Prédiction

- Réussite des entreprises, des projets, des actions, des examens, des concours.
- Proposition pouvant venir d'un autre département, d'une autre région, ou d'un autre pays.

Conseils pratiques

Une belle période favorable s'ouvre. Fêtez cet événement et lancez de nouveaux projets.

Ces conseils sont les mêmes à utiliser si vous tirez les cartes pour quelqu'un.

9. Affectif/Familial / Le Monde

Prédiction

- Heureux événements familiaux ou affectifs. Le bonheur est proche.
- Naissance.
- Réjouissance sous peu de temps.
- La famille vous apprécie.
- La personne ciblée est originaire d'un autre département, d'une autre région, d'un autre pays, ou bien elle y habite.

Conseils pratiques

Profitez des bons moments de joie et d'entente en famille.

Ces conseils sont les mêmes à utiliser si vous tirez les cartes pour quelqu'un.

10. Matériel/Financier / Le Monde

Prédiction

- Belle réussite financière et matérielle.

Conseils pratiques

Faites-vous plaisir. Profitez des retombées de votre réussite.

Ces conseils sont les mêmes à utiliser si vous tirez les cartes pour quelqu'un.

11. Spirituel/Personnel / Le Monde

Prédiction

- Réalisation, sérénité en perspective.
- Accomplissement personnel. Sentiment de réalisation.

Conseils pratiques

Savourez les bons moments de votre renaissance.

Ces conseils sont les mêmes à utiliser si vous tirez les cartes pour quelqu'un.

12. Santé/Bien-être / Le Monde

Prédiction

- Nette amélioration de votre état physique, émotionnel et mental.
- Effet bénéfique pour le corps.

Conseils pratiques

Si vous faites un travail personnel au niveau de l'inconscient, concentrez-vous sur ce qui concerne l'accouchement.

Ces conseils sont les mêmes à utiliser si vous tirez les cartes pour quelqu'un.

13. Communication de l'arcane avec les autres arcanes

Le Monde s'adresse à vous. Il vous dit que vous avez réussi l'un de vos projets.

- **Carte à gauche du Monde :** Le cycle terminé.
- **Carte à droite du Monde :** Le cycle qui démarre.

14. Exercices pratiques d'assimilation

Exercice de réflexion personnelle

Le Monde nous demande de nous féliciter pour ce que nous avons réussi.

- Prenez conscience de vos réussites récentes.
- Ouvrez vos idées aux autres. Transmettez ce que vous connaissez au plus grand nombre. Ne restez pas centré sur votre petit univers. Élargissez le cercle de vos relations.

Exercice d'assimilation

Sortez l'arcane du jeu, laissez-le en évidence devant vous et consultez-le souvent. Vous pouvez également le poser sur votre table de nuit. L'important c'est de vous imprégner vraiment de cette carte.

Rappel : N'oubliez pas de noter au fur et à mesure tous les éléments offerts par votre intuition ou les circonstances du moment. Relisez régulièrement vos notes le soir.

15. Le message proposé par le Monde

"Je suis dans le monde et je suis le monde. L'autre est moi-même. Quand j'interagis avec les autres, je me crée moi-même."

"Vous n'êtes jamais trop vieux
pour vous fixer un nouvel objectif
ou rêver un nouveau rêve."
C.S. Lewis

Exercice pratique 11

Révision l'ensemble des arcanes :

1. Quelle(s) carte(s) correspond(ent) aux mots :
   - réussite ?
   - réflexion ?
   - blocage et dépendance ?
   - bi polarité, cyclothymie ?
   - événement inattendu et désagréable ?

2. Sylvie n'arrive pas à vendre sa maison. Elle tire deux cartes pour le mois en cours concernant sa maison : La Justice VIII et Le Jugement XX. Que pouvez-vous lui annoncer ?

3. Emma demande si l'homme qui va acheter sa voiture va la payer correctement. Elle tire la Maison Dieu XVI et le Diable XV. Que lui apprenez-vous ?

4. Jean Paul a 45 ans, il est chef d'entreprise. Il est calme et pondéré. Quels sont les arcanes qui le décrivent le mieux ?

1. Mélody est une jeune femme stressée. Elle dirige le service des Relations Humaines. Quels arcanes la représentent le mieux ?

5. Quel arcane indique une trouvaille, ou une découverte ?

Exercice personnel

Utilisez le Tarot pour vous et vos proches, ou bien en vous inspirant des faits divers dans la presse. Par exemple : un adolescent a disparu. Faites un tirage pour savoir s'il sera retrouvé.

Correction de l'exercice 10

1. **Pour décrire la personnalité de Mélanie, vous tirez 3 cartes : La Papesse II, L'Hermite VIIII, la Lune XVIII. Décrivez Mélanie.**
   Significations dans l'ordre des arcanes : II : calme, posée, tranquille, analytique. VIIII : secrète, intériorisée et solitaire. XVIII : insécurisée, inquiète, triste. Une femme qui communique peu et reste souvent seule. Elle peut-être un peu dépressive ou bien elle traverse une période d'isolement et de tristesse.

2. **François demande comment son commerce va évoluer. Il tire la Maison Dieu XVI, l'Arcane sans Nom XIII et le Soleil XVIIII. Que lui prédisez-vous ?**
   XVI : Gros ennui dans son commerce. XIII : des choses vont changer radicalement et s'il arrive à faire les changements nécessaires. XVIIII : Son activité aura un regain et une évolution positive. Il va devoir agir radicalement.

3. **Jérémy veut savoir s'il va vendre son bien. Il tire la Justice VIII et le Soleil XVIIII. Que lui répondez-vous ?**
   VIII + XVIIII = contrat signé, il va vendre son bien.

4. **Joachim demande si son entretien d'embauche va déboucher sur un recrutement dans le mois qui vient. Il tire le Bateleur I. Que lui dites-vous ?**
   Comme demandé dans la question, la carte est rapide. Nouvelles dans le mois qui vient.

5. **Emmanuelle veut savoir si elle va faire la formation professionnelle prévue ce mois-ci. Elle sort L'Hermite VIIII et le Pendu XII. Que lui dites-vous au sujet du délai ?**
   VIIII + XII = elle ne fera pas cette formation à la date prévue. Attentes et contretemps.

6. **Adeline aimerait savoir si elle va recevoir sa prime annuelle. Elle tire le Diable XV et le Soleil XVIIII. Que lui annoncez-vous ?**
   XV = l'argent en question + XVIIII = Adeline va recevoir sa prime.

7. **Eva aimerait savoir si Charles est heureux dans leur relation. Elle tire le Soleil XVIIII. Que lui dites-vous ?**
   XVIIII = Oui ! Charles est heureux avec elle.

8. **Alexandre et Vanessa souhaitent savoir s'ils vont bientôt sortir de leur situation financière difficile. Ils tirent le Jugement XX et le Soleil XVIIII. Que leur annoncez-vous ?**
   XX : Bonne nouvelle, le renouveau + XVIIII = ils vont bientôt en sortir.

9 - **Quel arcane représente :**
- **Le mot "découverte" ?**
  Le Jugement XX, quelque chose qui apparaît au grand jour, qui est révélé.
- **Le mot "nouveauté" ?**
  L'Étoile XVII.

9. **Quelles sont les lames qui indiquent des délais importants ?**
   La Papesse II, l'Hermite VIIII, le Pendu XII.

10. **Quelles sont les 3 cartes qui indiquent la relance possible d'un projet ?**
    Le Mat, le Bateleur I et l'Empereur IIII.

Correction de l'exercice 11

Si vous n'avez pas fait cet exercice, vous pouvez encore le réaliser, retrouvez-le dans votre cours précédent.

Je vous donne des réponses courtes que vous pouvez élargir en vous référant à votre cours à la catégorie impliquée dans la question : professionnel, matériel, affectif etc.

2. **Quelle(s) carte(s) correspond(ent) aux mots :**
   Réussite ?
   Le Chariot VII, Le Soleil XVIIII, Le Monde XXI.
   Réflexion ?
   Le Papesse II, l'Hermite VIIII, le Pendu XII.
   Blocage et dépendance ?
   Le Pendu XII, le Diable XV.
   Bipolarité, cyclothymie ?
   La Roue de Fortune X.
   Evénement inattendu et désagréable ?
   La Maison Dieu XVI.
   Evénement inattendu et agréable ?
   Le Jugement XX.

6. **Sylvie n'arrive pas à vendre sa maison. Elle tire deux cartes pour le mois en cours concernant sa maison : La Justice VIII et Le Jugement XX. Que pouvez-vous lui annoncer ?**
   Justice VIII : contrat, signature + Jugement XX : bonne nouvelle = Sylvie signera un compromis dans le mois en cours.

3. **Emma demande si l'homme qui va acheter sa voiture va la payer correctement. Elle tire la Maison Dieu XVI et le Diable XV. Que lui apprenez-vous ?**
   Maison Dieu XVI : difficultés, événement désagréable + Diable XV : concernant l'argent = Emma risque de ne pas être payée.

4. **Jean Paul a 45 ans, il est chef d'entreprise. Il est calme et pondéré. Quels sont les arcanes qui le décrivent le mieux ?**
   Empereur IIII + Pape V par exemple ou Hermite VIIII + Pape V.

5. **Mélody est une jeune femme stressée. Elle dirige le service des Relations Humaines. Quels arcanes la représentent le mieux ?**
   Gestion RH : La Papesse II. Soucieuse : la Lune : XVIII. Anxieuse :
   la Maison Dieu XVI.

6. **Quel arcane indique une trouvaille, ou une découverte ?**
   Le Jugement XX.

"Si nous avons le courage de les poursuivre,
tous les rêves deviennent réalité."
Walt Disney

Marchez et avancez avec le Tarot

Le Mat vous représente en marche dans le Tarot.

Le chemin des arcanes vous guide d'étape en étape

pour vous mener jusqu'au succès.

1. **Le Bateleur I :** Avoir une impulsion, une idée, une envie de réaliser ou de créer.
2. **La Papesse II** : Analyser et découvrir vos possibilités et vos compétences.
3. **L'Impératrice III** : Pour élaborer et peaufiner votre projet.
4. **L'Empereur IIII** : Poser une action concrète.
5. **Le Pape V** : Rester centré sur votre objectif. Savoir demander des conseils.
6. **L'Amoureux VI** : Faire un choix sincère, passionné ou passionnant.
7. **Le Chariot VII** : Pour vous sentir heureux dans ce que vous faites.
8. **La Justice VIII** : Être équitable : vous recevez ce que vous donnez.
9. **L'Hermite VIIII** : Méditer sur votre passé, grâce à vos prises de conscience.
10. **La Roue de Fortune X** : Saisir les opportunités en vue d'un changement.
11. **La Force XI** : Prendre conscience de votre potentiel.
12. **Le Pendu XII :** Profiter d'un arrêt pour découvrir ce qui vous limite et vous empêche d'agir.

13. **L'Arcane sans Nom XIII** : Changer vos croyances pour repartir sur de nouvelles bases.
14. **Tempérance XIIII** : Vous relier à vos guides et à votre propre potentiel créatif.
15. **Le Diable XV** : Profiter de la vie et des biens matériels sans en dépendre.
16. **La Maison-Dieu XVI :** Découvrir les opportunités positives cachées dans les événements désagréables.
17. **L'Etoile XVII** : Transmettre vos connaissances.
18. **La Lune XVIII** : Développer vos intuitions. Être à l'écoute de votre inconscient.
19. **Le Soleil XVIIII** : Pour rayonner. Pour vous estimer vous-même afin d'aimer les autres.
20. **Le Jugement XX** : Recevoir avec joie les cadeaux inattendus de l'Univers.
21. **Le Monde XXI** : Sentir la justesse de votre lien au monde. Vous ne faites qu'un avec tout l'Univers. Vous avez réussi, le cycle est terminé.

PETIT MEMENTO DE POCHE

(Lien de téléchargement en fin de livre)

Libre arbitre. Départ. Volte-face. Originalité. Liberté. Indépendance. Lâcher prise. Nouveau chemin. Nouveau lieu de vie.	 Début. Démarrage. Créativité. Envie d'entreprendre. Idées. Inspiration. Jeune homme. Adolescent. Enfant.
 Sagesse. Apprentissage. Formation. Livres. Comptes. Bilans. Gestation. Connaissances. Études. Assimilation. Secret.	 Lettre. Document. Courrier. Message. Projet. Intelligence. Fertilité. Communication. Parole. Objectivité. Rencontre d'une femme
 Entreprise. Entreprenariat. Action. Sens pratique. Réussite en affaires. Opportunité. Rencontre d'un homme.	 Conseils. Spécialiste. Enseignant. Sage. Spiritualité. Guide. Sens et objectifs. Père. Grand-père. Homme mûr.
 Amour. Amoureux. Décision à prendre. Indécision. Oser l'inconnu. Choisir ce qu'on aime. Personnes jeunes.	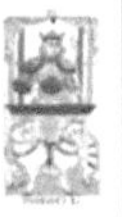 Victoire. Réussite. Travail. Véhicule. Voyage. Bonne assise. Succès. Amant. Entente sexuelle.
 Documents administratifs. Loi. Juge. Notaire. Avocat. Jugement. Procès. Gestion des dossiers. Trier. Ne pas s'oublier soi-même.	 Sagesse. Ancêtre. Bilan. Analyse du passé. Compréhension. Observation. Méditation. Spécialité dans un domaine. Personne référente.
 Énergie à relancer. Mouvements. Hauts et bas. Changements. Véhicules. Routes. Déménagements. Prises de conscience.	 Feu. Énergie. Force. Actions inspirées. Maîtrise. Capacités. Compétences. Savoir-faire. Excitation.
 Attendre. Réfléchir. Méditer. Blocage. Stagnation. Nouveau sens des événements. Écoute de la voix intérieure.	 Changements. Rupture. Fin de contact. Évacuation. Transformation. Changement de comportement. Fin d'une période.
 Amélioration. Ange gardien. Protection. Guérison. Communication heureuse. Discussion. Équilibre. Rétablissement.	 Argent. Biens. Incarnation. Addictions. Sexualité. Magnétisme. Médiumnité. Manipulation.
 Événement imprévu. Problème. Choc. Contretemps.	 Nouveau. Renouveau. Protection. Bonne étoile. Gentillesse. Esthétique. Beauté. Enseignement. Transmission. Bien-être. Amante. Jeune femme.
 Incompréhension. Incertitudes. Larmes. Tristesse. Ennui. Solitude. Ambivalence. Clientèle. Commerce. Eau. Grossesse. Bébé.	 Union. Réunion. Association. Partage. Confiance. Productivité. Amitié. Union positive. Consécration. Réussite. Vacances au soleil. Véronique Amaia ©
 Bonne nouvelle inattendue. Message. Transformation. Résurrection. Amélioration physique et morale. Surprise heureuse.	 Le Monde. Voyages. Réussite. Lauriers. Pays étrangers. Autres civilisations. Étrangers. Réalisation de soi dans le monde.

LES QUESTIONS

I - Les questions

Dans les chapitres précédents, vous vous êtes familiarisé peu à peu avec chacun des arcanes du Tarot. Étudions maintenant vos questionnements personnels. Les exercices suivants ont été conçus pour répondre à toutes vos interrogations.

1 - Période propice aux tirages

Isolement et recueillement sont indispensables, en raison de la concentration requise pour le tirage et le lien avec le Plan Supérieur.

Trouvez l'endroit qui vous convienne le mieux pour ce moment particulier. Pour être réceptif, vous devez vous sentir bien détendu.

Pendant le tirage, veillez à ne pas être dérangé.

Si vous ne vous sentez pas disposé à faire un tirage, ayez la sagesse de ranger votre tarot jusqu'à une autre fois plus favorable.

2 - Fréquence des tirages

Au début, pratiquez le plus souvent possible. Préférez des questions sur le court terme afin de pouvoir confirmer rapidement vos interprétations. Quand vous serez plus à l'aise, vous pourrez faire des tirages avec des délais d'une semaine, d'un mois, d'un trimestre.

Vous pouvez utiliser votre Tarot de façon régulière. Toutefois, il n'y a pas de règle pour la fréquence de son utilisation.

Il est votre outil de prise de conscience. Il va vous aider à faire confiance à vos ressentis et à vos envies. Plus vous pratiquerez et plus son langage vous semblera clair.

Si vous faite un tirage alors que vous êtes stressé, le Tarot ne traduira que vos peurs ou votre anxiété. Il vaut mieux reporter votre tirage à un moment plus apaisé.

3 - Tirer les cartes à autrui

Le tirage pour d'autres est simple à faire si l'on respecte quelques règles essentielles. En effet, le Tarot va mettre en évidence des difficultés rencontrées ou à venir. Il faudra donc aborder les questions et les réponses avec discernement.

Le but n'est pas de créer un choc, mais de guider votre consultant vers son propre libre-arbitre, vers la compréhension de ses actions ou de sa passivité, vers la découverte de ses fonctionnements et de ses dysfonctionnements.

Votre rôle est de répondre à ses questionnements et non pas de diriger la consultation.

Aidez-le à comprendre la situation. Offrez-lui les informations qui lui permettront d'assumer ses responsabilités en son âme et conscience. Aidez-le à agir en arrêtant de subir.

Toutefois votre bienveillance ne doit pas devenir complaisance. Vous n'avez pas à lui dire ce qu'il veut entendre. C'est une question d'honnêteté.

Par ailleurs, vos affirmations trop catégoriques risquent de balayer le libre-arbitre de votre consultant. Ne jouez pas avec sa crédulité surtout si vous la sentez en fragilité. Préservez sa liberté intérieure.

Dans la vie, certains choix sont des étapes obligatoires. Votre aide consiste à aider le consultant à en prendre conscience. Votre tirage va l'aider à modifier son regard sur son fonctionnement et son comportement par rapport à ces choix.

4 - L'auto-tirage (tirer les cartes pour soi-même)

La principale difficulté de cette auto-consultation est de garder la distance nécessaire. Comment observer et être observé en même temps ? En effet, la tentation de l'Inconscient est grande pour interpréter les tirages à sa façon. Il empêche ainsi la compréhension consciente du message.

L'autre difficulté est de recommencer le tirage jusqu'à l'obtention de la carte que vous souhaitez voir apparaître, alors que le but est d'ouvrir à d'autres potentialités de votre vie.

Comment se mettre en condition ?

Créez une ambiance de détente : calme, lumière douce, pas de téléphone, bougies. Choisissez le moment idéal dans la journée.

Commencez par vous détendre. Pensez au problème qui vous préoccupe.

Posez la question en vous prénommant, comme si vous étiez devant un consultant. Cela vous aidera à garder la distance.

Notez cette question.

Dans le tirage, identifiez la carte qui vous représente et celle qui représente la question ou son domaine. Aidez-vous des informations sur la signification précise de chaque arcane.

Notez vos tirages et vos réponses et datez-les.

5 - Préparer et préciser les questions

Les personnes qui consultent sont souvent stressées. Elles ne savent pas toujours par quoi commencer. Les personnes soumises à un stress intense et répétitif n'arrivent pas à rester concentrées sur l'essentiel.

A vous de dénouer la pelote emmêlée de leurs difficultés afin de les aider à identifier leurs questions.
Poser une question claire est indispensable pour la prédiction ou les conseils du Tarot. **À question précise, réponse précise.**

Dans de nombreux cas, vous constaterez qu'une question en contient plusieurs.

Votre rôle consiste à :

- Aider le consultant à formuler sa question.
- Reformuler chaque question de façon distincte.
- Aborder un thème ou une question à la fois.

Chaque mot employé dans une question correspond à une valeur pour l'Inconscient qui va alors y répondre.

Les réponses du Tarot qui semblent incompréhensibles résultent de questions mal posées, reposées sans cesse, ou qui sont multiples comme l'indique l'exemple ci-dessous.

Exercice pratique

Exemple classique de question multiple

« Est-ce que mon mari va garder son travail pour que nous puissions acheter la maison vue chez le notaire, à temps et payer les études de notre fille, parce qu'en ce moment ça va mal à la maison, car on a tous peur du chômage. »

Voici la question multiple analysée et découpée :

"Est-ce que mon mari va garder son travail ***(question 1)*** *pour que nous puissions acheter la maison vue chez le notaire* ***(question 2)*** *à temps* ***(question 3)*** *et payer les études de notre fille* ***(question 4),*** *parce qu'en ce moment ça va mal à la maison, car on a tous peur du chômage* ***(question 5)****."*

Je vous suggère de répondre à votre consultante en suivant un ordre logique.

Ici : commencez par la source des revenus.

Plusieurs tirages sont nécessaires :

- L'emploi du mari et son maintien dans le temps.
- Le niveau des revenus par rapport aux projets.
- L'achat de la maison.
- Les délais de réalisation de cet achat.
- Les études de la fille.

Même si votre interlocuteur continue à poser question sur question, restez concentré sur la première. Posez-la clairement à voix haute, pendant que vous battez les cartes. Puis tirez le nombre de cartes nécessaires pour votre lecture, suivant les propositions de tirages du prochain chapitre.

Exemple

Si vous demandez : "Est-ce que je vais recevoir de l'argent ?"

La question n'est pas assez précise. Pour l'Inconscient le temps n'existe pas. La réponse peut être positive, par contre il ne vous donnera aucune date, ça pourra être dans 3 jours, 5 mois, ou 10 ans…

Comment dater ? Tout simplement en formulant la date dans la question. Par exemple : "Est-ce que je vais recevoir une somme d'argent dans les **trois mois** à venir ?"

Procédez de même dans tous les autres domaines :

- Est-ce que je vais avoir un contrat de travail ce mois-ci ?
- Est-ce que je vais avoir un enfant cette année ?
- Est-ce que je vais réussir à déménager avant l'été ?

QUATRE METHODES DE TIRAGE

I - Les tirages

1 - Tirage du passé et de l'avenir : 2 cartes

Il concerne le court et le moyen terme, soit une période de 6 mois maximum. Il permet une vision rapide de la situation. Pour répondre à vos questions précises, reportez-vous aux prédictions de chacun des arcanes déjà étudiés.

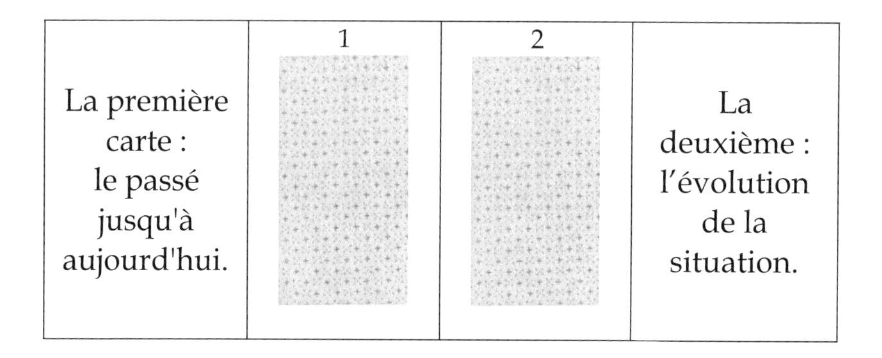

	1	2	
La première carte : le passé jusqu'à aujourd'hui.			La deuxième : l'évolution de la situation.

Exemple 1

La situation financière du consultant va-t-elle s'améliorer ?

Arcane sans Nom XIII : Crise radicale. Changement.	XIII	I LE BATELEUR	**Le Bateleur I** : Renouveau. Création. Rapidité.

Après un passage difficile, renouveau financier assez rapidement.

Remarquez que la question ne comportait pas de date précise.

Exemple 2

Suzanne est inquiète. Elle n'arrive pas à avoir d'enfant. Elle voudrait être enceinte dans les 6 mois.

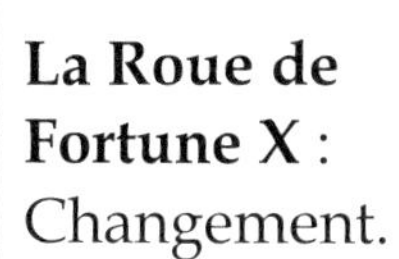 **La Roue de Fortune X** : Changement.			**La Papesse II** : Gestation.

Rééquilibrage hormonal. Suzanne sera enceinte dans les 6 mois.

Exemple 3

Louna souhaite trouver un emploi dans les 3 mois.

La Force XI : Énergie, actions.		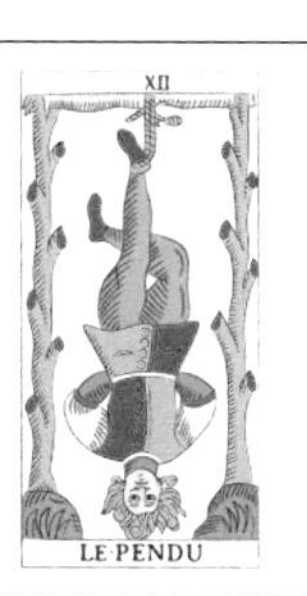	**Le Pendu XII** : Stagnation et attente.

Louna s'active, mais elle ne trouvera pas de travail dans les trois mois.

Regardons pour la période de 3 à 6 mois. Elle tire deux autres cartes.

XIII : Changement radical.			**XX** : Bonne nouvelle.

Elle trouvera effectivement un emploi dans un délai de 3 à 6 mois.

Exemple 4

Julien va demander une augmentation à son employeur. L'obtiendra-t-il ?

Le Diable XV : L'argent, les biens matériels.			**L'Impératrice III** : Le dialogue, la communication.

Julien va pouvoir aller négocier avec son employeur. Mais le tirage indique qu'il va devoir préparer son discours et ses arguments.

2 - Tirage des affinités

Il permet de questionner sur une première rencontre, sur un examen ou si une collaboration ou une entente seraient possibles.
Tirer trois cartes en vous concentrant sur votre question.

Soi	*Lui/elle*	*Résultat*
Comment suis-je perçu ?	Dans quel état d'esprit se trouve mon interlocuteur ou l'ensemble de mes interlocuteurs : jury, examinateurs... ?	Pouvons-nous travailler ou avoir une relation ensemble ?

Exemple 1

Question sur les relations

Jean se demande comment va évoluer sa relation avec Agnès.

1 : **La Lune XVIII :** Secret. Timidité.
2 : **L'Etoile XVII** : Charme. Douceur. Beauté. Renouveau.
3 : **Le Chariot VII** : Réussite. Entente. Facilité.

Réponse

Ils ont en commun une grande sensibilité, mais qui ne s'exprime pas de la même façon. L'entente sera heureuse. La relation pourrait donc évoluer positivement.

Exemple 2

Question professionnelle

Karine demande comment va se passer son oral d'examen et comment elle sera perçue par l'examinateur, ou les examinateurs.

Soi

Lui/elle

Résultat

1. **XVIIII** : Réussite. Succès. Entente.
2. **VI** : Choix. Dialogue.
3. **XI** : Compétences. Maîtrise.

Réponse

Les 3 cartes sont positives.
Karine apparaîtra sous son meilleur jour.
Les examinateurs seront attentifs.
Elle connaît très bien son sujet.
Elle réussira son examen.

Exemple 3

Achat

Serge veut acheter une voiture. Il se demande si le garagiste ne va pas lui vendre un véhicule d'occasion avec un vice caché.

Soi

Lui/elle

Résultat

1. **IIII** : Réflexion. Bon sens.
2. **XIIII** : Équilibre. Justesse. Protection.
3. **VII :** Réussite. Avancée.

Réponse

Serge a raison de se poser la question. Le garagiste est honnête. Le véhicule qu'il va acheter est en bon état.

3 - Tirage à partir d'une carte choisie

Sélectionnez la carte qui correspond à votre question.

- **Le Bateleur** : Nouveau projet. Un garçon ou un jeune homme. Un fils.
- **La Papesse** : Études. Grossesse. Bilan financier. Santé, maladie.
- **L'Impératrice** : La consultante. La conjointe. Une rencontre féminine. Une
- question concernant une femme. Les écrits ou les courriers.
- **L'Empereur** : Le consultant. Le conjoint. Une réalisation matérielle. Une question concernant un homme. Une rencontre masculine.
- **Le Pape** : Légalisation d'une union. Un parent. Un supérieur hiérarchique. Un prêtre.
- **L'Amoureux** : Choix. Passion. Un amoureux.
- **Le Chariot** : Travail. Voyage. Véhicule. Victoire. Un cheval.
- **La Justice** : Contrats. Équité. Procès. Litige. Mariage. Résultat d'examen. Signature devant notaire.
- **L'Hermite** : Études. Recherche. Spiritualité. Médecin. Employeur.
- **La Roue de Fortune** : Force. Changement. Progrès. Déménagement. Véhicule.
- **La Force** : Capacités et compétences.
- **Le Pendu** : Entraves. Blocages. Réflexion. "Travail sur soi".
- **L'Arcane Sans Nom** : Changement. Rupture.
- **Tempérance** : Harmonie. Santé. Protection.
- **Le Diable** : Argent. Aventure. Sexualité. Dons médiumniques. Dépendances, addictions.
- **La Maison-Dieu** : Effondrement. Épreuves. Bâtiments.

- **L'Étoile** : Espoir. Jeune fille ou jeune femme. Renouveau.
- **La Lune :** Grossesse. Clientèle. Inquiétudes.
- **Le Soleil** : Réussite affective ou matérielle. Associations. Amitié.
- **Le Jugement** : Changement positif. Bonnes nouvelles.
- **Le Monde** : Triomphe. Voyages. Étranger.
- **Le Mat** : Nouveau départ. Libre-arbitre. Déménagement.

Quand la carte est choisie, posez-la face à vous.

A sa gauche posez une carte, face cachée et **à sa droite** 3 autres cartes de même.

	La question ou le sujet à traiter			
1 Les acquis ou le présent	**2**	3 L'évolution de la situation	4 L'évolution de la situation	5 Conclusion

Exemple 1

Vie de couple

Agathe se demande si son amoureux (IIII) envisage une vie de couple dans les mois à venir.

- Posez la carte qui est en relation avec la question.

- Battez les cartes et posez-les toutes, faces cachées sur la table.
- Tirez-en 4, une à une. Posez la première à gauche de la carte sélectionnée et les 3 autres à sa droite.

Suivez le modèle ci-dessous.

Retournez les cartes et interprétez le tirage d'Agathe.

Prenez tout votre temps.

Analyse

XIII + IIII = Son amoureux est bloqué dans le passé. Il regarde la XIII, car il n'arrive pas à oublier une épreuve, une relation, un échec ou une rupture.

VI + XVI = Il hésite beaucoup. Il a peur de s'engager pour le moment.
X = Il vit cette relation de façon cyclique, avec des hauts et des bas.

Réponse

Pour le moment, la relation ne semble pas totalement harmonieuse. Son amoureux n'est pas encore prêt à s'engager officiellement.

Conseil

Pour faire évoluer la situation, vous pouvez conseiller à Agathe de parler avec son amoureux. Un climat de confiance pourrait peut-être lui permettre de mieux assumer son passé et envisager une mise au point de leur relation.

Exemple 2

Études

Maxime veut entreprendre des études qui durent 3 ans. Il se demande s'il va pouvoir les suivre et obtenir son diplôme.

Sélectionnez la carte qui est en relation avec cette question : au choix la Papesse II ou La Justice VIIII. Et procédez au même tirage que précédemment.

	II LA·PAPESSE			
1	**2**	3	4	5

Maxime a choisi La Papesse. Voici la suite de son tirage.

Analyse
V = Il possède de solides capacités et de bonnes connaissances pour envisager cette formation.
II + XVII = Il va acquérir un nouveau savoir.
XII = Il va devoir rester sur place tout le temps nécessaire.
XXI = Au final, c'est la réussite.

Réponse

Maxime possède tous les atouts pour mener à bien ses études. Si parfois il s'inquiète de rester bloqué pendant trois ans, il verra finalement que ses efforts sont récompensés.

Conseil

Vous pouvez dire à Maxime que si c'est lui qui a choisi d'étudier pendant 3 ans, ce serait dommage qu'il s'arrête à l'obstacle de la durée, puisqu'il possède toutes les compétences requises pour réussir.

4 - Tirage général mensuel

Il permet de faire un point sur le mois à venir. Il se pratique en début de consultation. Il permet d'évaluer d'un coup d'oeil la situation dans tous les domaines.

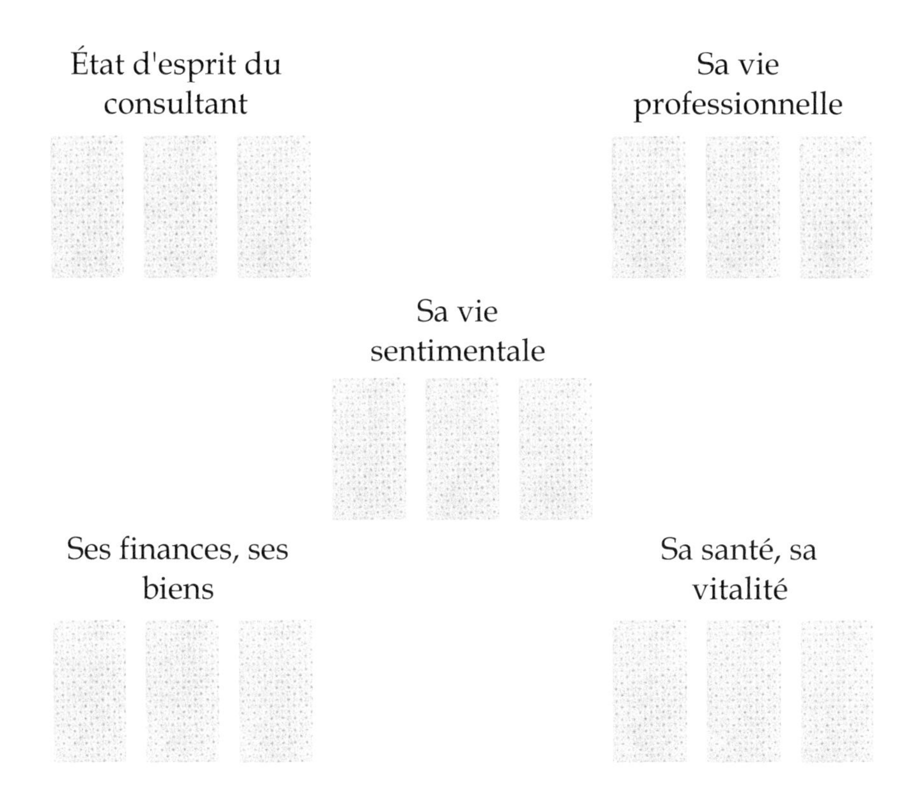

Exemple 1

Marine vient consulter. Elle ne veut poser ses questions qu'après le tirage. Ce tirage sera donc le bilan général de sa situation.

Voici le tirage de Marine.

État d'esprit du consultant

Sa vie professionnelle

Sa vie sentimentale

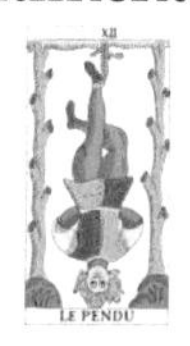

Ses finances, ses biens

Sa santé, sa vitalité

Analyse du tirage :

État d'esprit de Marine

VIIII : Regard vers le passé. Réflexion et analyse.
VII : Victoire. Déplacement. Travail. Véhicule.
XV : Matériel. Argent. Sexe. Inconscient. Dépendances.

Elle est en pleine réflexion sur ce qu'elle vient de vivre (VIIII). Elle se félicite d'avoir surmonté un événement (VII) qui lui permettra de connaître une meilleure aisance matérielle (XV).

Sa vie professionnelle

VIII : Équilibre. Contrat. Administration. Justice. Ordre.
XVIII : Réceptivité. Intuition. Incertitudes. Féminin.
XIIII : Guérison. Communication. Amélioration. Protection.

Un contrat professionnel ou une valorisation dans son travail (VIII) va calmer le stress (XVIII) de Marine. Sa situation va évoluer de façon positive et bénéfique (XIIII).

Sa vie sentimentale

XI : Créativité. Potentiel. Force. Capacités personnelles.
XII : Méditer. Réfléchir. Attendre.
XIII : Changement. Nettoyage. Méditation. Mutation.

Marine est pleine d'énergie (XI). Cela va lui servir à faire le point et à réfléchir (XII). Elle va vivre un changement profond (XIII).

Ses finances

X : Changements. Fluctuations. Cycles.
II : Gestation. Étude. Assimilation. Comptes.
I : Départ. Libre -arbitre. Liberté.

Marine connaît actuellement des fluctuations financières (X). Elle est capable de gérer ses revenus (II) et de trouver de nouvelles façons de le faire (Le Mat).

Son état de santé

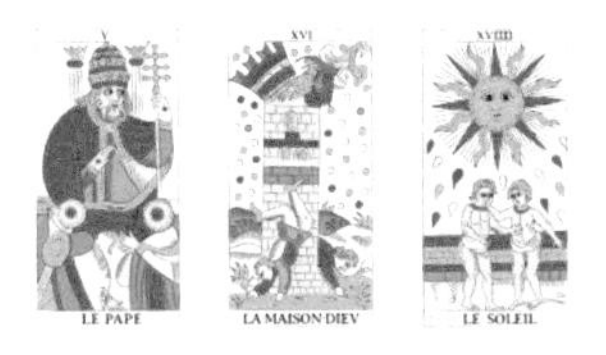

V : Bon état physique et moral.
XVI : Evénement désagréable. Craintes.
XVIIII : Rayonnement. Association. Construction. Masculin.

La bonne santé de Marine (V) lui permettra de gérer quelques dysfonctionnements qui vont survenir (XVI). Elle va récupérer en retrouvant sa joie de vivre (XVIIII).

Résumé de l'analyse

Dans tous les domaines de la vie de Marine, se succèdent des périodes de fluctuations entre difficultés et satisfactions.

Marine a dû vivre quelque chose qui l'a certainement déstabilisée. Elle possède en elle une force vitale qui lui a permis de se sortir de la situation en agissant efficacement.

Un changement de son activité professionnelle lui permettra de rééquilibrer ses finances.

Marine va évoluer dans ses schémas affectifs et dans sa lecture du passé. Elle va mieux vivre ses relations.

Sa santé ébranlée par les événements vécus va se remettre tout à fait.

Marine raconte son passé.

Après deux divorces, elle était partie vivre avec un homme une relation merveilleuse. Il lui a demandé de venir vivre avec lui. Elle a tout lâché : maison, travail et proximité familiale.

Quelques mois plus tard, il lui a annoncé qu'il la quittait et qu'elle devait repartir. Elle était d'autant sous le choc qu'elle ne s'y attendait pas du tout.

Elle se retrouvait sans rien du jour au lendemain car elle avait tout vendu et cessé de travailler. Elle était anéantie. Elle a repris le dessus : elle a réussi à trouver une activité professionnelle dans une autre région. Elle a trouvé un studio où elle a emménagé.

Elle confirme le tirage des cartes

Au moment où elle fait ce tirage, Marine ne comprend toujours pas ce qui lui est arrivé. Elle se demande pourquoi elle a vécu une telle expérience. *(Les cartes sur son état d'esprit).*

Elle vient de reprendre le travail, ce qui lui permet de sortir de sa déprime. Elle retrouve un salaire et la communication avec une équipe professionnelle. *(Les cartes vie professionnelle).*

Elle repense à son échec affectif. Elle dit qu'elle doit commencer à revivre en prenant soin d'elle. Elle est devenue vigilante, sinon méfiante. *(Les cartes vie sentimentale).*

Sur le plan financier, elle a des dépenses obligatoires pour se meubler et racheter l'essentiel. Elle constate que depuis un mois, elle commence à minorer son déficit bancaire. Elle gère de mieux en mieux son quotidien. *(Les cartes finances, biens).*

Sa santé se rétablit peu à peu. Elle confie que sous le choc de l'annonce brutale de la séparation, elle avait pensé en finir. Sa foi dans la vie l'a sauvée.

Elle se sent encore un peu dépressive, mais depuis sa reprise d'activité professionnelle, elle remonte la pente. *(Les cartes de la santé)*.

Conseil de consultation

Ce tirage est un état des lieux général de ce que vit Marine aujourd'hui. Il suscite chez elle de nombreuses questions. La consultation va donc se poursuivre avec des tirages approfondis dans chaque domaine.

VOTRE PREMIERE CONSULTATION

I – Conseils pour votre première consultation

Pour ce moment privilégié entre vous et votre interlocuteur, vous devez installer une relation de confiance. Totalement disponible vous devez vous concentrer sur **ses** questions. Votre mission à son écoute est de l'aider à vivre mieux.

Tout en étant réceptif à ses paroles et à son vécu, vous devez cependant rester le plus objectif possible. Ne cherchez pas à lui dire ce qu'il veut entendre. En cas de prédictions ou de conseils, n'imposez jamais votre propre point de vue. C'est à lui de décider suivant son libre-arbitre. Ses erreurs passées résultant de choix peu opportuns de sa part, sont également des chemins qu'il devait emprunter pour évoluer.

La vraie richesse de la Vie, ce sont les nombreux chemins qu'elle nous offre. Ils ouvrent eux-mêmes sur d'autres voies. A chaque instant nous créons notre futur par nos décisions. Nous sommes les acteurs de notre avenir.

La fameuse phrase d'Hippocrate "*Primum non nocere*" (En premier lieu, ne pas nuire) pourrait être affichée au fronton des consultations de Tarot. En effet, le consultant s'en remet à vous. Il peut être plus vulnérable que vous ne l'imaginez. Il pourrait être tenté de vous prendre pour le guide de sa vie.

Le monde du Tarot ouvre le chemin de la réalisation de soi. Les arcanes nous offrent un autre regard sur nous-même, avec respect et attention. Ils nous permettent de devenir l'observateur des différents événements qui nous arrivent. Le Tarot nous ouvre à une vision élargie des choses.

C'est la même démarche pour votre consultant. Il va apprendre à acquérir son autonomie. Il va avancer sur son chemin d'adulte conscient, soucieux de bien gérer sa vie à partir de ses expériences personnelles.

Conclusion

Le travail qui vous est proposé est important.
Il exige concentration et patience.
Il demande de la régularité et une profonde droiture.
Il aboutit à une maturation, la vôtre et celle des personnes qui vont vous consulter.

Je vous souhaite de trouver dans la lecture de ce livre, la sérénité qu'il m'a offert en l'écrivant pour vous.

Je vous invite à me rejoindre
sur mon blog dédié au Tarot :
www.tiragedetarot.net/

Vous pourrez y consulter les articles qui vous sont proposés en lecture libre.

Je vous offre le PDF des 4 tirages de ce livre et le mémento des 22 arcanes majeurs.

Pour télécharger Le PDF, copiez ce lien sur votre serveur internet.

http://www.tiragedetarot.net/132354864TTM.pdf

Printed in France by Amazon
Brétigny-sur-Orge, FR